本书由国家社会科学基金一般项目（项目批准号：17BTQ025）、江苏

U0457152

江苏大学
五棵松文化丛书

JIANGSU
UNIVERSITY

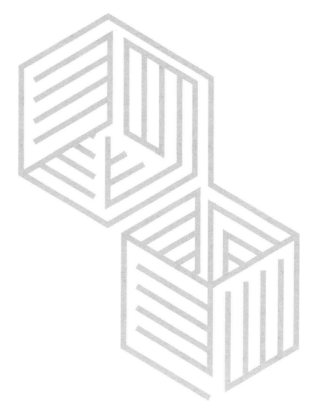

高校科研数据
开放与治理研究

刘桂锋 等 著

江苏大学出版社
JIANGSU UNIVERSITY PRESS

镇 江

图书在版编目（CIP）数据

高校科研数据开放与治理研究 / 刘桂锋等著. -- 镇
江：江苏大学出版社，2022.12
ISBN 978-7-5684-1863-8

Ⅰ.①高… Ⅱ.①刘… Ⅲ.①高等学校－科研管理－
数据管理－研究 Ⅳ.①G644

中国版本图书馆 CIP 数据核字（2022）第 245490 号

高校科研数据开放与治理研究
Gaoxiao Keyan Shuju Kaifang Yu Zhili Yanjiu

著　　者/刘桂锋 等
责任编辑/郑晨晖
出版发行/江苏大学出版社
地　　址/江苏省镇江市京口区学府路 301 号（邮编：212013）
电　　话/0511-84446464（传真）
网　　址/http://press.ujs.edu.cn
排　　版/镇江文苑制版印刷有限责任公司
印　　刷/镇江文苑制版印刷有限责任公司
开　　本/710 mm×1 000 mm　1/16
印　　张/14.25
字　　数/220 千字
版　　次/2022 年 12 月第 1 版
印　　次/2022 年 12 月第 1 次印刷
书　　号/ISBN 978-7-5684-1863-8
定　　价/58.00 元

如有印装质量问题请与本社营销部联系（电话：0511-84440882）

21世纪，高校科研数据开放成为全球的热潮，受到科学界、教育界和图书情报界的广泛关注。2018年9月，科学欧洲（Science Europe）发起了支持论文开放获取的"S计划"。截止到2019年8月，英国有96所高校制定了开放获取政策。2020年，德国已有超过一半的高校图书馆提供科研数据管理服务。欧洲研究型图书馆协会（Association of European Research Libraries，LIBER）在发布的《LIBER 2018—2022发展战略》中提出科研数据可查找、可访问、可操作、可重用的目标。美国高校图书馆较早开展研究数据服务（RDS）。康奈尔大学图书馆早在2006年就聘用了第一个数据管理员。2012年，美国大学与研究图书馆协会（ACRL）调查得出，全美国1/4~1/3的图书馆有在未来两年开展基于学术内容的RDS规划。ACRL将RDS列入2016年、2018年、2020年的图书馆十大趋势。FAIR（Findability，Accessibility，Interoperability，and Reuse）成为高校科研数据开放服务的基本原则。ACRL于2015年、2017年、2019年和2021年发布了4份《高校图书馆环境扫描报告》，均将"开放科学和研究数据服务"作为六大重点领域之一，强调数据管理服务成为学科馆员的素养要求；高校图书馆支持开放获取和共享数据；高校图书馆注重开发自身的数据管理等研究支持服务。

在我国，国务院发布的《国家中长期科学和技术发展规划纲要（2006—2020年）》提出建设科学数据与信息平台，促进科学数据与文献资源的共享。2018年3月，国务院办公厅印发的《科研数据管理办法》将高校列为科研数据管理的一个重要主体。2021年3月通过的《中华人民共和国国民经济和社会发展第十四个五年规划和2035年远景目标纲要》提出推动国家科研平台、科技报告、科研数据进一步向企业开放，加强公共数据开放共享，加快数字化发展，建设数字中国。2021 年 9 月施行的《中华人民共和国数据安全法》强调以数据开发利用和产业发展促进数据安全，以数据安全保障数据开发利用和产业发展。

2021 年 11 月，联合国教科文组织 UNESCO 第 41 届会议审议通过《开放科学建议书》（*Recommendation on Open Science*），标志着开放科学迈入全球共识的新阶段。从开放获取运动到开放科学的建立，直接推动了国内外高校科研数据开放的相关理论研究与实践。

正是在这一背景下，刘桂锋博士及其团队在 2017 年承担了国家社科基金项目"开放科学理念下的科研数据治理研究"，经过扎实的科学研究，完成了重要科研成果，即这本题为《高校科研数据开放与治理研究》的著作。

刘桂锋博士是江苏大学科技信息研究所所长、硕士生导师、《图书情报研究》期刊执行主编。该研究所依托图书馆的资源，培养图书情报专业硕士研究生，承担国家和地方科研项目，创办了专业期刊《图书情报研究》，在图书情报界颇有影响。我曾到江苏大学参加学术活动，看到该所拥有一流的科研设施设备和一支高水平的研究团队，颇感欣慰。刘桂锋博士及其团队基于情景分析理论，采用可用性测试和眼动实验的方法，以复旦大学社会科学数据平台为例开展用户体验实验研究，其成果颇有意义。

以往针对高校科研数据开放的研究，较多从现实需求出发，寻求高校科研数据开放的最佳案例和解决方案。刘桂锋博士及其团队将高校科研数据开放问题的研究置于科研过程和数据处理过程中，运用数据生命周期理论，以开放科学和数据治理的双思维，探讨科研数据开放的影响因素与形成机理，将这一主题的研究建立在科学的理论基础上，视域广阔，设计科学，思路清晰。刘桂锋博士及其团队围绕高校科研数据开放意愿展开了问卷调查，在实证研究的基础上，分析出高校科研数据开放的特征、构成要素及动因，构建了高校科研数据开放机理模型，还构建了科研数据开放平台评价指标体系框架，并进行了平台评价实证，有理论创新价值和应用价值。这一著作展示了面向现实，以理论指导实践，为解决高校科研数据开放的重点问题所开展高校科研数据开放理论研究的过程与贡献，以及在应用方面取得的成果。

在高校科研数据开放理论与应用研究的基础上，刘桂锋博士领导的团队深入研究了高校科研数据开放治理问题。这一著作通过对高校科研数据开放治理理论指导层、背景层、科研数据层、人员管理层、成效检验层等进行要素解析，构建了高校科研数据开放治理模型，并围绕模型应用进行了可行性分析。

该著作是全面研究高校科研数据开放与治理的成果，通过新利益、新功能、新模型、新场景这一主线将科研数据开放与治理逻辑地联结了起来，将理论与方法紧密结合聚焦于解决现实问题，形成了理论研究和实证研究相互支撑印证的突出特色。

大数据和大开放时代呼唤有组织的研究及科学的理论指导，图书情报学有了更大的用武之地。祝贺刘桂锋博士及其团队撰写的《高校科研数据开放与治理研究》出版！期待刘桂锋博士及其团队在信息资源管理和数据科学领域做出更多的贡献。

是为序。

柯　平

南开大学教授、博士生导师

序二

《高校科研数据开放与治理研究》一书，是刘桂锋博士的另一部著作——《高校科研数据管理理论与实践》（2017 年出版）的拓展与延伸。两部专著是作者在图书馆学、情报学研究领域持续探索的见证，更是其在学术研究路途上留下的两枚坚实的脚印。数年来，刘桂锋博士从科技信息服务的实践到图书馆学、情报学的科学研究，从专利数据分析到科学数据研究，从教学科研、学科建设的实践到科研数据管理、科研数据治理研究……这一路看似顺利的成长与发展历程，实则浸透了他刻苦钻研的心血和汗水。2014 年，我有幸成为这位志向远大、勤奋努力、思维敏捷而又脚踏实地的年轻学者的博士后合作导师，见证了他从一名学生到学者的成长，见证了他聚焦数据科学研究取得的成果，也见证了他获得江苏大学"最受学生欢迎的十佳教师"的荣誉称号。

大数据时代的来临，使人类第一次有机会和条件在几乎所有的细分领域，以前所未有的粒度和层次获取、利用全面数据、完整数据和系统数据，获取过去不可能获取到的知识，发现过去无法发现的现实世界的现象、特征和规律。世界现代史上历次技术革命中，中国都是学习者、跟跑者；而在大数据、人工智能的新变革中，中国与世界是并跑者，甚至在很多领域，特别是在应用领域还有领跑的可能。

过去数十年间，全球科学处于持续的转型与变革中。科学研究正由传统的研究方式、交流方式，演变为数字驱动的科研和数字化的交流。人类面临很多共同挑战，科研成本急剧上涨、研究可重复性，以及公众参与科学，都在挑战现有的研究范式，驱动着全球科研转型。作为新的科学研究范式，以高度协作、开放获取、数据共享、研究透明为特征的开放科学正在全球兴起。开放原则被推广应用于更多领域的创新发现。全球科学社区携手共同应对全球性科学挑战，成为开放科学产生的现实驱动力。开放数据是开放共享和开放科学的物质基础，开放共享是开放数据与开放科学之间的桥梁，开放科学是开放数据和开放共享的最终目标。不同利益相关者需要为开放科学尽力，以便全面促进开放科学的发展。数据治理的内涵是指以"数据"为对象，在确保数据安全的前提下，建立健全规则体系，理顺利益相关者在数据流通各个环节的权责关系，形成多方参与者共享共治的数据流通模式，从而最大限度地释放数据价值。因此，高效的数据治理既要遵从自然、社会规律，也要遵从技术、法律、管理规律。

大数据发展的障碍在于数据的"流动性"和"可获取性"。数据治理研究旨在探索发现数据治理规律，增强数据流动性和可获取性。大数据时代的高校科研范式也同样发生了巨大甚至是本质上的变化和发展，进而影响人类的价值体系、知识体系和生活方式。在大数据时代，数据治理是提升高校数据服务能力的重要措施。这本专著尝试回答科研人员"不愿开放、不敢开放、不知开放什么与不会开放"科研数据的实际问题，专著的主体内容包括三大模块：高校科研数据开放的影响因素与机理、高校科研数据开放平台的评价体系与功能定位、高校科研数据开放治理的模型构建与应用探索。专著研究的内容具有创新性、探索性和启发性的特征，对于数据开放与治理研究来说，它是一项非常有特色的研究成果，为我们提供了一个新的视野和出发点。虽然专著的具体研究对象是高校科研数据，但是，专著的研究内容、研究方法及研究结论对普遍意义上的科学数据、政府数据等均具有一定的借鉴和指导意义。期待作者在数据科学领域取得更加丰富、更加深入、更有影响力的研究成果。

卢章平

江苏大学教授、博士生导师

近年来，国内外学者在"开放科学"思维的引领下，围绕科研数据开展了大量理论研究和实践探索。本书立足"开放科学"思维和"治理"思维，紧扣科研数据开放与治理的"新利益、新功能、新模型、新应用"主题。首先，从科研数据开放的影响因素与形成机理视角展开研究，搭建理论框架；其次，基于数据生命周期理论，从嵌入科研过程的设计、实验、评价等全流程入手，构建科研数据平台的评价指标体系和功能优化设计；再其次，在理论架构和实践依据的基础上，结合已有科研数据平台的特点探索"协同治理"模式，并根据信息生态原理构建数据开放与治理模型；最后，用实证方法验证模型的应用性。

本书分别在"新利益""新功能""新模型""新应用"的指导下，采用问卷调查、用户体验、访谈、质性分析等方法，结合利益相关者、科研过程、数据生命周期、数据治理、数据管理、信息生态等理论，探索科研数据开放的影响因素与形成机理，科研数据平台的功能定位，以及数据开放治理模型的构建及运行应用。各部分研究内容环环紧扣、层层递进，重点围绕开放科学环境下科研数据开放过程中的数据治理展开调研。

本书的主体研究内容分为三大模块：高校科研数据开放的影响因素与机理、高校科研数据开放平台的评价体系与功能定位、高校科研数据开放治理模型的构建与应用探索。1~2章主要介绍科研数据的研究背景及研究进展。3~5章主要介绍高校科研数据开放的影响因素分析、高校科研数据开放的意愿实证研究、高校科研数据开放机理模型的构建。6~7章主要介绍高校科研数据开放平台的评价体系研究和高校科研数据开放平台的功能定位研究。8~10章主要介绍高校科研数据开放治理要素访谈调研、高校科研数据开放治理要素解析和高校科研数据开放治理模型的构建及应用。

本书的突出特色和主要研究成果体现在以下方面：其一，开放数据是开放科学的核心，在"开放科学"理念下，科研数据开放与共享呈现"新利益、新功能、新模型、新应用"的特点，本书紧紧围绕上述四大特点展开研究。其二，针对科研人员存在"不愿开放、不敢开放、不知开放什么、不会开放"科研数据的实际现状，提出如何通过嵌入科研过程与融入数据生命周期相结合的方式解决科研数据开放机理与治理路径的学术问题。其三，科研数据开放是一个渐进、动态的涨落过程，科研数据治理是一个鼓励开放的推力（愿意开放）和限制开放的阻力（敢于开放）之间合力的动态平衡过程。科研数据治理模式由"消极治理"向"积极治理"转变，最终实现"协同治理"模式。"协同治理"就是所有利益相关者共同参与、协同行动的过程，责任共担、利益共享、权利协同。

本书的研究成果可为我国科研机构开展科研数据开放共享与治理服务提供可复制、可推广的规划方案、组织结构、运行模式、典型案例等。科研数据开放与治理提升机制的理论、模式、样板、体系和实践案例将引起社会的关注，特别是嵌入科研过程提出的"协同治理"模式和针对性的治理策略，不仅可以推动开放科学与数据管理的创新、发展与转型，而且可以推动数据开放运动与开放科学运动的理论研究与实践探索。

本书凝聚了多人的劳动成果，濮静蓉、钱锦琳、张裕提供了各自的研究成果，刘桂锋结合自己的研究及经验进行整理。本书的出版得到了国家社会科学基金一般项目"开放科学理念下的科研数据治理研究"（项目批准号：17BTQ025），江苏大学社会科学处、图书馆、科技信息研究所领导与同事，以及江苏大学出版社的大力支持，部分研究工作还得到了美国伊利诺伊大学厄巴纳-香槟分校信息学院老师们的支持与帮助，在此一并表示诚挚的谢意。

由于作者水平有限，书中难免存在不足之处，恳请广大读者批评指正。

Contents 目录

第 10 章　高校科研数据开放治理模型构建及运行应用 / 172

第 11 章　结论与展望 / 191

参考文献 / 197

第 1 章

绪　论

洞悉与梳理国内外科学数据实践的探索背景，对于准确认识科学数据实践探索中存在的问题，以及合理把握科学数据理论研究方向与热点具有重要的指导意义。本章首先从我国科学数据共享工程的启动、科学数据政策的出台、科学数据共享平台的建设、科学数据期刊的创办、科学数据会议的举行5个方面对国内外科学数据探索实践进行了梳理；然后针对高校科研人员在使用科研数据方面存在"不愿开放、不敢开放、不知开放什么与不会开放"的实际问题，从科研数据开放、科研数据平台以及科研数据治理三大模块进行阐述；最后介绍了本研究中主要使用的文献调查法、问卷调查法、访谈法、信息行为实验法（眼动追踪、可用性测试）等若干研究方法。

1.1　研究背景及意义

1.1.1　我国科学数据共享工程的启动

我国自2002年起全面启动科学数据共享工程[1]，旨在通过整合离散的海量科学数据资源，提高科学数据资源的利用率。2001年年底启动第一个试点——气象科学数据共享试点后，我国逐渐将科学数据共享拓展到资源环境、农业、人口与健康、基础与前沿等领域。科学数据共享的理念得到普遍认可和广泛接受，人们对科学数据共享的意识显著增强，科学数据共享的成果发挥了较大的作用。

2002 年至 2005 年期间，我国先后启动了地震、测绘、林业、水文水资源、海洋、地球系统、农业等科学数据共享试点，以及"医药卫生科学数据管理与共享服务系统"项目、SARS 科学数据共享工程、SARS 防治网站、综合信息服务网等。2006 年，我国科学数据共享工程逐渐进入成熟阶段。

科学数据共享工程的理论成果之一是研制了若干数据分类与元数据标准。2003 年 8 月，中国科学院发布了《科学数据库核心元数据标准》（1.0 版）；2005 年 8 月，中华人民共和国科学技术部发布了《国家科学数据中心建设技术规范》；2005 年 12 月，科学数据共享工程办公室发布了《公用数据元目录》；2006 年 6 月，中华人民共和国科学技术部发布了《科学数据共享工程数据分类编码方案》；2014 年 7 月，中华人民共和国科学技术部出台了《科技平台　元数据汇交接口　汇交流程》；2017 年 12 月，我国发布了《信息技术　科学数据引用》标准。关于科学数据共享的一系列办法和标准的发布，说明我国对科学数据管理的重视程度日益提高，并且不断完善科学数据的管理，这也意味着科学数据确实对开展科学研究具有潜在或深远的重要意义。

1.1.2　科学数据政策的出台

通过对国内外关于科学数据政策研究的大量相关文献进行分析可知，科学数据政策的制定主体大致划分为国家政府及相关机构、基金资助机构、期刊出版集团、科研院所、数据平台、科研人员等。

在国家政府及相关机构层面，属于自上而下的推动方式，具有较强的规范性和制约性，具有代表性的有我国国务院、美国白宫、澳大利亚政府、英国政府等。

我国国务院办公厅于 2018 年发布《科学数据管理办法》（国办发〔2018〕17 号）[2]（以下简称《办法》）。《办法》的总则说明了其制定的目的是保障科学数据安全，提高开放共享水平，更好地支撑国家科技创新、经济社会发展和国家安全；明确了科学数据的范围和来源；规定了该《办法》的适用范围以及责任主体的科学数据管理原则。

《办法》印发后，我国各省市政府积极响应国务院的号召，从 2018 年

3 月起陆续印发了地方版的科学数据管理细则。有关省市重视科学数据管理政策和规范的落实与制定、科学数据汇集、共享、开放、利用、安全与保密工作，对科学数据使用者也提出了遵循知识产权的要求。

2013 年 2 月 22 日，美国白宫科技政策办公室（OSTP）发布了备忘录[3]，意在增加对获得联邦资助的科学研究成果的获取机会。这些科学研究成果包括同行评审的出版物、数据集和其他支撑文件。

2007 年，《澳大利亚负责任研究行为守则》[4]发布。该守则由澳大利亚国家卫生和医疗研究理事会、澳大利亚研究理事会和澳大利亚大学联合会共同制定，共由 9 个章节组成，科学数据和原始资料的管理属于其中重要的一部分。

2013 年，英国政府发布《把握数据机遇——英国数据战略》[5]。该战略主要包括 3 个方面：① 在人力资本方面，培养熟练的劳动力和对数据有信心的公民；② 开发可用于存储和分析数据的工具和基础设施；③ 将数据作为使能器，提升消费者、企业和学术界适当获取和共享数据的能力。该战略的主要目的是助力英国的基础设施和研发环境支持数据能力的提高。

在国家政府机构制定的科学数据共享与管理政策的指导和带动作用下，基金资助机构、期刊出版集团、科研院所、数据平台等方面纷纷制定相关政策。美国、英国、澳大利亚等国家的多个基金资助机构出台了科学数据管理计划或科学数据共享政策方面的规范或指南。其中，美国的国立卫生研究院（NIH）和国家科学基金会（NSF）最具代表性。2003 年，NIH 发布《数据共享政策和实施指南》[6]，包括数据共享目标、适用范围、实施指南、NIH 申请书构成、数据共享计划案例、定义。美国 NSF[7]要求在 2011 年 1 月 18 日或之后提交的申报书必须包括一份不超过两页的"数据管理计划"补充文件，包括项目过程中产生的数据类型、样本、实物收集、软件、课程材料及其他材料，数据和元数据格式及内容所采用的标准，保护隐私、保密、安全、知识产权等权利或访问和共享政策等。除此以外，该补充文件还包括由美国国家航空航天局、能源部等，英国工程与自然科学研究理事会、生物技术与生物科学研究理事会等，澳大利亚研究理事会、澳大利亚国家卫生和医疗研究理事会等许多基金资助机构所规定的数据共享或管理政策[8]。

在期刊出版集团层面，以美国的 *Science*、英国的 *Nature* 和我国的《数据分析与知识发现》《图书馆杂志》最具代表性。美国的 *Science* 期刊是 2016 年《公共卫生突发事件数据共享声明》的签署方。在论文发表之前，大数据集（包括微阵列数据、蛋白质或 DNA 序列、分子和大分子结构的原子坐标或电子显微镜图以及气候数据）必须存放在经批准的数据库中，并且必须在发表的论文中包括一个登录号或一个特定的访问地址。英国的 *Nature* 出版集团提供了 4 种类型的科研数据政策：鼓励数据共享和数据引用；鼓励数据共享和数据共享证据；鼓励数据共享并提供数据可用性说明；鼓励数据共享并提供数据共享证据和同行评审数据。

从 2016 年起，我国的《数据分析与知识发现》[9]要求所有投稿论文提交支撑论文结论的科学数据，并通过适当方式供研究共同体或社会公众共享。《图书馆杂志》数据管理平台基于数据研究型图书情报论文，探索实现期刊论文数据的存储、管理、交换、共享、引证、分析和利用，以及数据引证、数据出版、数据共享、数据交易等多个功能，截至 2022 年 2 月已发布 111 个课题、5 个数据集，共计 774 个文件。

在科研院所层面，美国、英国、澳大利亚等国的高校制定科学数据共享与管理政策的机构不胜枚举。中国科学院和中国农业科学院是我国科研院所的两个突出代表。在高校层面，我国高校制定了《武汉大学数据管理办法》《南京工业大学信息化数据管理办法》《上海理工大学信息系统数据管理办法》《华南师范大学信息系统数据管理办法》等，其面向校内各类信息系统所产生、保存和利用的相关数据的类型比较宽泛，并不重点针对科学数据。

为了落实国务院办公厅印发的《科学数据管理办法》，中国科学院从自身科学研究工作的实际情况出发，以科学数据工作的问题和需求作为驱动，着眼于科学数据开放共享的创新点和保障机制，于 2019 年 2 月 11 日正式发布了《中国科学院科学数据管理与开放共享办法（试行）》。2019 年 7 月，中国农业科学院印发了《中国农业科学院关于针对公共资金资助科研项目发表的论文实行开放获取政策的声明》和《中国农业科学院农业科学数据管理与开放共享办法》。

1.1.3 科学数据共享平台的建设

根据平台运营的主体性质，我国科学数据共享平台可划分为两种类型：国家科技基础条件平台和科研院所数据平台。其中，中国科学院数据云、武汉大学科研数据管理平台、复旦大学社会科学数据平台、北京大学开放研究数据平台是科研院所的主要代表。国家科技基础条件平台[10]是国家创新体系的重要组成部分。截至 2019 年，我国共建成 23 家国家科技基础条件平台，分别涉及科学实验研究领域、自然科技资源领域、科学数据领域和科技图书文献领域，以上每个平台数据库的建成均是多个机构或单位共同提供科学数据资源的成果。

中国科学院数据云不仅提供了丰富的数据资源库，还提供了模型工具（天文地理模型和藏语翻译工具）、管理工具（地理、天文数据管理检索工具等）和应用服务。

基于 DSpace 的武汉大学科研数据管理平台是 2011 年开始由武汉大学图书馆主持建设的中国高等教育文献保障系统项目下的研究项目。复旦大学社会科学数据平台于 2014 年正式上线，是"985 工程"重点建设项目之一，也是我国高校中首个社会科学数据平台。北京大学于 2015 年建立了基于 Dataverse 的北京大学开放研究数据平台，该平台由北京大学图书馆联合多个机构共同推出，目的是加快北京大学创建世界一流大学建设，推动北京大学研究数据开放共享。

国外具有代表性的科学数据管理与共享平台有 re3data、figshare、Data-ONE、Dryad 等。re3data. org 是综合性的全球研究数据存储库注册库，涵盖不同学科的研究数据库。该注册库于 2012 年秋季投入使用，由德国研究基金会（German Research Foundation，DFG）资助。从 2020 年 1 月开始，德国研究基金会（DFG）资助"re3data——社区驱动的研究数据存储库（COREF）开放参考"项目，为期 36 个月。re3data COREF 是由 DataCite、卡尔斯鲁厄理工学院（KIT）、柏林洪堡大学及德国亥姆霍兹波茨坦中心（GFZ）联合研究的项目。

figshare 是由英国干细胞生物学博士 Mark Hahnel 创建的一个基于云计算技术的在线数据知识库，科研人员可以在该平台保存和分享他们的研究成果，包括数据、数据集、图像、视频、海报和代码。由于 figshare 遵循开放数据原则，因而用户可以自由访问数据和上传内容。

地球数据观测网络（DataONE）作为 DataNets 项目的子部分，主要通过分布式框架和可持续的网络基础设施为建立新的创新环境科学奠定基础，满足可供科研人员开放、持久、稳健和安全地访问优质的、容易发现的地球观测数据的需要。DataONE 是由数据中心、科学网络或组织组成的分布式网络。

Dryad 是美国国家科学基金会资助建立的数据知识库，其愿景是打造一个研究数据公开、与学术文献相结合，并用于创造的知识世界。Dryad 具有如下特点：① 接受任何研究领域的任何文件格式的数据提交；② 数据负责人会在文件发布前检查提交的文件，以遵循最佳实践方式；③ 提交的数据满足出版商和资助者对保存和可用性的最低要求；④ 它是一个非营利性会员制组织。

1.1.4　科学数据期刊的创办

目前，科学数据期刊主要分为只出版数据论文的数据期刊和出版数据论文的同时也出版研究论文等的混合型期刊两大类[11]。

Earth System Science Data 创办于 2009 年，可能是全球最早的纯数据期刊，主要发表关于原始研究数据（集合）的论文，进一步再利用对地球系统科学有价值的高质量数据。*Scientific Data* 是一种用于描述具有科学价值的数据集，以及促进科学数据共享和重用的同行评审的开放存取期刊。*Data in Brief* 是一个为研究人员提供可以方便共享和重用彼此数据集的平台。

据调查，《中国科学数据》《全球变化数据学报》是我国专门出版科学数据论文的期刊。《中国科学数据（中英文网络版）》于 2016 年创刊，是我国首个面向多学科出版科学数据的学术期刊，是由中国科学院牵头、国家科技基础条件平台中心指导的国内外公开发行的中英文季刊，也是中国科学引文数据库（CSCD）的来源期刊。由中国科学院地理科学与资源研究所和地理学会主办的《全球变化数据学报（中英文）》在 2017 年正式发刊，属于季刊。其出版内容主要包括以全球变化研究领域中的地理科学、资源科学、生态科学为核心的元数据——实体数据及其关联的数据论文、数据新标准、数据集等，服务于科学研究领域，以提高全球变化研究领域的世界影响力。

从广义上讲，科学数据期刊还包括以大数据或数据科学命名的专业期刊。以大数据命名的期刊主要有 4 家，分别是我国的《大数据》《农业大数据学报》和美国的 *Journal of Big Data*、*Big Data Research*。此外还有一个旨在为促进大数据共享和分析提供高效和高质量的平台——*Big Earth Data*。

以数据科学或数据管理命名的期刊主要有 *Journal of Data and Information Science*、*Data Science Journal*、*Journal of Data Science*、*International Journal of Digital Curation*、*International Journal of Data Science and Analytics*、*Data and Information Management* 等。中国科学院文献情报中心主办的 *Journal of Data and Information Science*，其前身是 2008 年创刊的 *Chinese Journal of Library and Information Science*，2016 年起更为现名，2019 年 4 月被正式收录于 *Emerging Sources Citation Index*（ESCI）数据库。该刊致力于研究与利用大数据的理论、方法、技术、服务、基础设施支持决策的知识发现。

1.1.5　科学数据会议的举行

国际科技数据委员会（CODATA）举办的国际学术会议被称为科技数据领域的"联合国会议"，共在中国举办了三届。其中，2019 年 9 月在北京召开了以"迈向下一代数据驱动的科学：政策、实践与平台"为主题的学术会议，这次会议主要指出科学研究的新范式已成为"大数据驱动科学发现"。如今，提高机器智能化处理和使用数据能力非常迫切，中国正成为世界上推动科学数据资源建设与发展的重要力量，并且基于此次会议成果，CODATA 官方网站于 2019 年 11 月发布《科学数据北京宣言》（以下简称

《宣言》），以鼓励全球进行公共科学数据等领域的多边合作，肯定全球各地区已发布的科学数据政策、规范和实施进展为核心原则。学术会议及《宣言》的内容与我国近年来实施的科学数据共享工程以及出台的国家层面和地方层面的科学数据管理办法、细则遥相呼应，推动了我国科学数据开放共享和国际化进程。

中国科学数据大会由国际科技数据委员会中国全国委员会主办，第一届于 2014 年在北京举办，至 2021 年共举办了七届，每届会议的主题与时俱进。从内容可以看出，会议对科学数据的探讨在不断深入，从强调科学数据的作用到研讨科学数据的创新运用，再到针对具体科研基础设施产生的科研数据全生命周期的讨论，展现出我国科学数据研究已呈现实践化和实用化的趋势。

1.1.6　研究意义

本书在梳理前期研究成果的基础上，结合我国科学数据管理的实践和研究现状，深入探讨面向科研数据开放的数据治理问题。

本书的学术价值追求在于：站在国家治理的新常态立场上，以开放科学理念为支撑，从数据管理者发挥主导作用和数据利用者满足需求的角度，探索科研数据开放与治理的影响因素、形成机理与治理模式，构建一个相对均衡的动态数据治理生态体系，为科研数据开放与治理提供全新的研究范式。

本书的应用价值在于：通过搭建嵌入科研全过程和融入数据生命周期理论的科研数据开放及治理生态体系，将"数据治理"理念融入符合科研用户本质特点的科研全过程，实现服务人员与科研人员相互融合的"协同治理"，在开放数据特别是开放科学体系构建的道路上，找到"着陆点"和"突破点"，并取得可供借鉴的实践经验。

1.2 | 研究思路、内容与方法

1.2.1 研究思路

本书围绕科研人员在科研数据使用时，平台存在"不愿开放、不敢开放、不知开放什么与不会开放"的实际问题，紧扣"开放科学"理念和"治理"思维的特点，基于科研过程理论和数据生命周期理论，以自由、开放、合作、共享的"开放科学"理念和主导、体验、动态、协同的"治理"思维作为研究主体的"两翼"，在"新利益、新功能、新模型和新场景"特点的基础上系统开展研究工作，致力于嵌入科研过程的数据开放与治理体系构建，推动开放理念与治理思维的双向融合；深化服务人员与科研人员配合的"协同治理"，践行数据治理模式探索，形成自适应、自组织、自协调、自运转的科研数据开放与治理发展路径，拓展和丰富开放科学理论和数据治理理论。

本书主体研究内容分为 3 个模块（见图 1-1）。首先，在以"自由、主导"为特点的"新利益"指导下，采用问卷调查和扎根理论方法，结合利益相关者理论探索科研数据开放的影响因素与形成机理；其次，在以"开放、体验"为特点的"新功能"指导下，采用情景分析方法和用户体验方法，结合科研过程理论和数据生命周期理论探讨科研数据平台的功能定位；再其次，在以"合作、协同"为特点的"新模型"指导下，利用访谈法和质性分析方法，结合数据治理理论和数据管理理论提出数据治理模型；最后，在以"共享、动态"为特点的"新场景"指导下，融合信息生态理论和数据治理理论构建数据开放与治理模型应用。各部分研究内容环环紧扣、层层递进，重点围绕开放科学环境下科研数据开放过程中的数据治理展开调研。

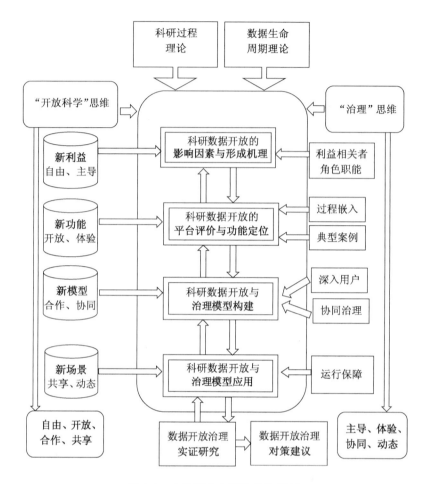

图 1-1　主体研究内容的总体框架

1.2.2　研究内容

本书的研究内容主要分为 11 章，各章节内容与具体研究方法如图 1-2 所示。

第 1 章是绪论。本章首先介绍国内外科学数据探索实践的背景及研究意义，然后阐述主体研究内容，最后介绍主要使用的研究方法。

第 2 章是理论基础与研究进展。本章首先辨析与科研数据相关的几个概念之间的异同，接着阐述本研究使用的核心基础理论——数据生命周期理论，之后从开放数据和数据治理两个方面综述国内外的研究进展，梳理已有研究脉络与存在的问题，为本研究的顺利进行奠定坚实基础。

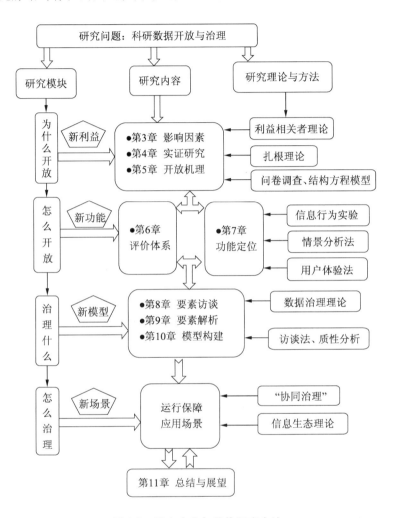

图 1-2 研究内容与具体研究方法

第 3 章是高校科研数据开放的影响因素分析。本章着重解决高校科研数据开放的影响因素及其关系，主要采用文献调研及扎根理论方法总结出高校科研数据开放的个人因素、资源因素、技术因素、组织因素和制度因素5 个主范畴，之后基于对高校科研人员的访谈，明确个人因素在高校科研数据开放中的主导作用。

第4章是高校科研数据开放意愿的实证研究。本章依托计划行为理论和技术接受模型构建高校科研数据开放的意愿模型，并提出相应假设，采用问卷调查法及结构方程模型开展实证分析。结果显示，本研究提出的大部分假设是成立的，并对不成立的假设展开具体分析。

第5章是高校科研数据开放机理模型构建研究。本章主要对高校科研数据开放的内涵和特征、构成要素和要素之间的关系以及科研数据开放的动因和开放过程进行剖析，结合卓越阶段理论，解释高校科研数据开放的内在机理。

第6章是高校科研数据开放平台评价体系研究。本章从平台建设基础、平台数据、平台管理功能以及平台效果与影响4个维度构建科研数据开放平台评价指标体系，并采用案例研究的方法对国内外具有代表性的4个数据开放平台进行深度剖析，最后从4个方面对国内科研数据开放平台的建设提出建议。

第7章是高校科研数据开放平台功能定位研究。本章基于用户体验视角和情景分析理论，针对科研过程的阶段特征构建的情景，采用可用性测试和眼动实验的方法，以复旦大学社会科学数据平台为例开展了用户体验实验研究，初步确定了高校科研数据平台的四大功能定位：用于选题立项的功能、用于科研准备的功能、用于科研实施的功能和用于成果管理的功能。

第8章是高校科研数据开放治理要素访谈调研。本章在深入剖析并遵循开放科学自由、开放、合作与共享理念的基础上，通过对不同利益相关者进行半结构化访谈，并利用质性分析软件对访谈分析结果进行总结与提炼科研数据治理的要素，旨在为高校科研数据治理模型的构建提供扎实的基础。

第9章是高校科研数据开放治理要素解析。本章从理论指导、治理背景、科研数据、人员管理、成效检验5个层次对科研数据治理要素进行解析，从而为模型构建提供基础和铺垫。

第10章是高校科研数据开放治理模型构建及运行应用。本章借鉴管理学中的SMART原则，以科研数据治理要素解析为蓝本，构建由理论指导层、背景层、科研数据层、人员管理层、成效检验层构成的高校科研数据治理模型，从动力、互动、执行三方面构建运行保障，辅助模型的实施。

第 11 章是结论与展望。本章从主体研究内容的高校科研数据开放的影响因素与形成机理、高校科研数据开放平台的评价体系与功能定位、高校科研数据开放的治理模型构建与应用 3 个模块，总结研究取得的成果，并分析研究中存在的不足，同时提出展望。

1.2.3 研究方法

本书的研究方法包括文献调查法、网络调查法、问卷调查法、访谈法、信息行为实验法（眼动追踪、可用性测试）、情景分析法和用户体验法等。

文献调查法和网络调查法是获取第二手资料的便捷方法，在本书中应用较为广泛，几乎贯穿整个研究过程。第 2 章的研究进展和第 3 章的高校科研数据开放的影响因素分析中主要使用文献调查法。网络调查法主要应用在第 1 章的绪论和第 2 章的理论基础等内容中。

问卷调查法主要应用在第 4 章的高校科研数据开放意愿的实证研究中，对前期构建的理论模型以及假设进行验证。

访谈法主要应用在第 8 章的高校科研数据治理要素访谈调研中，通过对不同利益相关者进行半结构化访谈，并利用质性分析软件对访谈分析结果进行总结与提炼。

信息行为实验法（眼动追踪、可用性测试）、情景分析法和用户体验法主要应用在第 7 章中。

1.3 | 本章小结

本章主要从宏观和整体的视角介绍了本书的研究背景及研究意义，重点阐述了研究思路以及主要的研究内容，最后简要介绍了主要的研究方法，为本研究的顺利进行提供重要的方法指导。

第2章

理论基础与研究进展

厘清与科研数据密切相关的几个概念之间的内涵与外延，对于揭示科学研究过程的规律、正确认识科研数据的本质有非常重要的作用，能够为科研数据的开放与治理研究的开展奠定坚实基础。本章在采用网络调查法分析国外不同机构的数据生命周期模型异同点的基础上，从信息生态链的视角构建了由数据产生与获取、数据描述与组织、数据处理与分析、数据保存与存储、数据出版与共享5个阶段组成的科学数据生命周期模型；采用文献调研与网络调查相结合的方法，系统梳理国内外开放数据及数据治理的研究现状，剖析已有研究取得的成果与不足之处，从而提出本研究的出发点和着力点。

2.1 | 科研数据的相关概念

科研数据的相关概念有科学数据、研究数据或者数字数据。

关于科研数据的定义有很多，目前为止尚未形成一致意见，科研人员对于科研数据的界定通常与他们的研究对象和研究背景相关。

Springer Nature 官方网站指出，科研数据是指支撑科研人员的研究项目、研究成果或出版物的文件集合，如电子表格、文档、图像、视频或音频。共享科研数据不仅满足了基金资助机构或学术机构共享研究数据的要求，而且为其他研究人员提供了研究基础，便于他们提前发现规律，还为公众利益做出了贡献。

英国工程和自然科学研究理事会认为，研究数据通常是科学界为了验证研究结果而记录的事实材料。尽管大多数此类数据是以数字格式创建的，但无论采用哪种格式，都包括了所有已创建的研究数据。

科研数据是科学界普遍接受的记录事实的材料，用于验证研究结果。研究数据涵盖各种类型的信息，数字数据可以以各种文件格式进行结构化存储。研究数据的类型主要包括文件、试算表，实验室笔记本、野外笔记本、日记，问卷、笔录、密码本，录音带、录像带，照片、胶卷，蛋白质或遗传序列，光谱，标本、样品，在研究过程中采集和生成的数字对象的集合，数据库内容（视频、音频、文本、图像），模型、算法、脚本，应用程序的内容（输入、输出、分析软件的日志文件、模拟软件、模式），方法和工作流程，标准操作程序和协议等。而对实验结果的初步分析、科学论文草稿、未来研究计划、同行评论或与同事沟通等则不属于科研数据的范畴。

澳大利亚的昆士兰大学认为，研究数据包括所有由研究人员在工作过程中创建的数据，且该机构至少对符合规则和相关档案/记录法要求的数据负有保管责任，以及可能来自机构内部或其他地方的第三方数据。

研究数据[12]是在某一类科研活动（调查、访谈、实验等）中或者通过其他方式得到的反映客观世界本质、特征和变化规律等基本的原始数据。科研数据主要产生于国家的科研计划项目和政府部门的业务数据，以及科研人员的科研活动中。科研数据可被看作一种知识资产，既是"知识产业"的"原料"，又是"产品"，同时亦是知识型社会能够证明自身价值以及影响他人对于自身评价的一种资产，它的保存和传播方式已经对知识型社会的组成产生影响。

李丹丹等[13]认为，研究数据具有共同的特征：研究数据是科研人员在工作过程中的产品以及研究出版物；研究数据包含原始数据和必要的元数据，用于验证科研的有效性；研究数据不仅仅是科学数据，还包括了音乐、考古学、古典文学、历史学、生物学、政治学和经济学等领域的数据。

科研人员认为，他们在科研过程中产生的不同类型的原生数据是一种重要的科研数据，这些数据很多时候是唯一的，一旦丢失或者损坏就很难找回或恢复。全面、规范、详尽以及强制性的科研数据管理政策有利于保护科研人员的研究成果不被窃取，保障数据保存安全，也有利于整个科研过程中数据管理活动的进行。

"科学数据"是我国 2002 年启动的科学数据共享工程中的一个重要概念。科学数据共享调研组[14]认为，科学数据是指人类社会科技活动所产生的基本数据，以及按照不同需求而系统加工的数据产品和相关信息。与科研数据相比，科学数据的范围更为广泛，除了国家政府、科研机构和高校在科研过程中所产生的一切类型的数据外，还包括行政部门的业务数据和统计数据等。我国科学技术部在《科学数据共享工程数据分类编码方案》（SDS/T 2122—2004）中将"科学数据"定义为"人类在认识世界、改造世界的科技活动所产生的原始性、基础性数据，以及按照不同需求系统加工的数据产品和相关信息"。国务院办公厅在 2018 年发布的《科学数据管理办法》中提出，科学数据主要包括在自然科学、工程技术科学等领域，通过基础研究、应用研究、试验开发等产生的数据，以及通过观测监测、考察调查、检验检测等方式取得并用于科学研究活动的原始数据及其衍生数据。

陈传夫[15]指出，科学数据是国家科技创新和可持续发展的重要战略资源，是指科技活动中产生的各类原始基础性数据和分析研究信息，科学数据共享的实现能够减少和规避科学研究及数据资源的重复，提高现有资源的利用和流通，有益于增强我国的科技创新能力。

综上可知，国内外不同组织和学者针对科研数据或科学数据给出了不同的解读。国外比较偏好使用"科研数据"或"研究数据"，国内则习惯使用"科学数据"。从数据产生的来源及过程看，科研数据或研究数据侧重于科研机构或高校的研究过程中产生的数据或者科研过程中产生的新的科研数据，而科学数据的产生范围比较广，泛指人类的一切科技活动，而不仅仅局限于科研机构或高校，甚至实验室等固定范围内。从数据的对象和范围看，二者均指与科研过程或科技活动相关的各种类型、各种形式的数据，数据不仅包括数据本身，还包括数据及其产品和相关信息。为方便起见，本书统一使用科研数据，不再区分科学数据或研究数据。

2.2 数据生命周期理论

本节采用网络调查法分析国内外不同高校、专业机构、企业和面向任务构建的数据生命周期模型的异同点。在此基础上，从信息生态链的视角构建科学数据生命周期模型（见图 2-1）。该周期主要包括数据产生与获取、数据描述与组织、数据处理与分析、数据保存与存储、数据出版与共享 5 个阶段。此外，数据伦理与安全贯穿于数据的整个生命周期，在每一个阶段均有涉及。

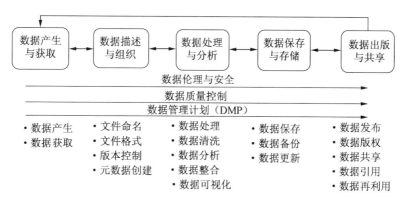

图 2-1　科学数据生命周期模型

2.2.1 数据产生与获取

数据产生与获取阶段的主要任务是生产、搜集数据。一般来说，数据主要来源于直接获取和间接获取两种渠道。根据科学研究的 4 种范式，将直接获取数据的方法分为观察（观测）法、实验法、调查法、理论模拟法和荟萃分析法。观察法是基础方法。大多理工类专业通过实验法获取数据。而社会科学领域大多通过调查法搜集数据，调查法包括问卷调查、访谈和网络调查。理论模拟法可借助计算机进行模拟，该方法多应用于化学、物理、计算机等专业。荟萃分析法是医学领域（循证医学）特有的数据搜集方法。

除了直接获取数据，还可以间接获取数据。根据数据的公开程度，数据可分为公开数据和非公开数据。公开数据主要为关于社会和经济领域的数据，关于政策、法规的数据，以及与学术相关的数据。关于社会和经济领域的数据，可通过统计年鉴或由国内外政府、学术机构主导的调查所发布的文件搜集；关于政策、法规的数据，可通过中央或地方政府官方网站查询；与学术相关的数据，可通过学术期刊、专业数据库、学术网站、学科库、数据存储库、工具书和社交媒体（博客、微信公众号）等获取。而对于非公开数据，特别是对于企业来说，可通过付费给数据来源方或相关机构（如大数据公司）等途径获取。

2.2.2　数据描述与组织

该阶段是科研数据管理的重点，主要解决文件命名、文件格式、版本控制以及元数据创建等问题。文件命名遵循一定的规则，例如，文件名称应简洁、有意义，具有描述性、唯一性、可读性，避免使用特殊字符或空格、日期、版本编号等。文件格式应具有开放性、未压缩、未加密、通用性等特点。常见的文件类型包括：文本，如 .doc、.pdf 等；矢量图，如 .sef、.png 等；位图，如 .gif、.jpg 等；视频，如 .mov、.avi 等；音频，如 .wav、.mp3 等；空间数据，如 .shp、.dbf 等；数据库，如 .xml、.csv 等；统计数据，如 .ascii、.sav 等；网络资源存档，如 .warc 等。版本控制要求创建 Readme 文件，在 Readme 文件中包含每次修改的文件，并对其进行有序命名。数据组织要求创建元数据，即运用共同或已知的元数据标准对数据的内容、结构、权限等信息进行组织。不同学科有不同的元数据标准，如艺术与人文学科的 *Encoded Archival Description*（EAD）；工程学科的 *Crystallographic Information Framework*（CIF）；生命科学学科的 *Access to Biological Collection Data*（ABCD）；物理和数学学科的 *Astronomy Visualization Metadata*（AVM）；社会与行为科学的 *Statistical Data and Metadata Exchange*（SDMX）；通用学科的 *Dublin Core*、*Common European Research Information Format*（CERIF）。

2.2.3　数据处理与分析

该阶段的主要任务是数据处理、数据分析、数据整合、数据可视化（结果解读）。数据处理包括数据的清洗和格式的转换、转移。其关键在于删除和替换无用信息，填充所需信息，转换成易于使用的格式。在数据处理时，应注意正确处理敏感数据，强调对数据的加密。数据分析要求选择合适的分析工具进行分析。数据整合在于发现新的数据。数据可视化的目的在于使数据分析的结果以"故事"的形式呈现，更易被理解。

常用的数据分析工具包括以下 4 类：① 数据处理工具，如 Excel 等。② 数据库，如 MySQL、Oracle 等。③ 数据可视化工具，包括：编程软件，如 Python、R 语言等；社会网络可视化工具，如 Cytoscape、Gephi、Pajek、CiteSpace 等；其他可视化工具，如 VisIt、Matlab、NVivo、Tableau Public、RAW 等。其中，Cytoscape 是一个用于可视化复杂网络的开源软件平台；Gephi 是用于各种图形和网络可视化的开源免费软件；Pajek 是用于研究目前所存在的各种复杂非线性网络的分析工具；VisIt 是一个分布式、并行的可视化和图形化分析工具，用于在二维（2D）和三维（3D）网格上定义数据。④ 大数据分析工具，如 HiveSQL、SPSS 等。

2.2.4　数据保存与存储

数据保存和存储一方面是为了数据备份，追踪目录和文件的修改记录；另一方面是为了数据共享。数据备份应遵循"321"规则，即建立 3 种备份（原始位置、所在机构位置、远程位置），其中，2 份在线，1 份离线，并且定期存储。数据存储按照传统的存储方式，可分为离线存储和在线存储。离线存储主要基于个人电子设备（计算机或手机内存）、U 盘、光盘、磁带等。在线存储以学校为界线，分为校内和校外两种存储方式。校内提供的国内外存储平台主要包括：所在机构存储库，如伊利诺伊大学自建的 Data Bank；研究或数据中心，如芝加哥大学的 Research Computing Center；校内云存储，如 UChicago Box；数据存储库，如 Texas Data Repository。校外提供的国内外存储平台主要包括数据存储库、第三方云存储、个人邮箱和期刊论文的补充材料。其中，数据存储库可分为学科和综合性两类存储库，如

ICPSR（社会科学）、UC Dryad（科学和医学）、re3data. org（综合性）等。第三方云存储包括国内和国外的云存储平台，如国内的百度网盘、搜狐企业网盘等；国外的 Google Drive、iCloud 等。如果企业的数据量大，考虑到存储成本，可将数据存储在云存储平台。

2.2.5　数据出版与共享

该阶段主要包括两个任务，分别是数据出版和数据共享。数据出版的任务主要是数据公开和发表结果。数据出版的目的一方面是符合某些期刊或机构的要求，便于验证结果的可信性；另一方面在于数据的共享。数据出版的方式主要包括：纯数据期刊，如国内的《中国科学数据》，国外的 *Data in Brief*；机构存储库，如加利福尼亚大学的 Dash；数据存储库，包括学科和综合性两类，如 ICPSR（社会科学）、UC Dryad（科学和医学）、Bio-sharing databases（综合性）等；个人、机构或第三方网站的自行出版，如 Omeka website。

数据共享主要包括共享要求、数据所有权、数据引用与再利用等方面。在数据共享之前，需考虑期刊或平台的要求、数据文件格式、数据版权、数据的隐私和敏感性、共享方式等问题。常见的数据共享方式有点对点（邮箱等）、机构或学科存储库、数据存储库等。在数据共享时，应注意访问控制、数据引用等问题。数据引用的基本要素有数据贡献者、数据集名称、出版年、存储库、标识符、URL。常见的引用工具有 Cite ULike、Papers、EZID 等。

2.2.6　数据伦理与安全

数据伦理的核心在于如何正确处理和使用隐私或敏感数据。对于隐私或敏感数据，在数据搜集时，应明确数据标准，是否允许搜集；在数据保存或存储时，应明确保存条件、责任主体、知识产权协议等；在数据处理和分析时，应采取适当的方法对敏感或隐私数据进行处理，避免因数据处理不当而外泄；在数据发布和共享时，应合理引用数据，同时注意数据版权和访问控制。数据安全的目的在于保护数据免受意外丢失、损坏和未经授权的访问。因此，在采集、描述、组织、处理、分析、保存、共享数据时应注意合理性，同时遵循相关数据安全的法律、法规或协议。保护数据安全的方式有物理安全、网络安全和数据加密或权限访问等。

2.3 | 开放数据研究进展

目前，国内外关于开放数据的理论研究和实践探索都取得了一定的进展。不容忽视的是，开放数据带来机遇的同时也带来了巨大挑战，普遍存在着"不愿开放、不敢开放、不知开放什么与不会开放"的实际现状。鉴于此，本节采用文献调研和网络调查相结合的方法，系统梳理国内外开放数据的研究现状，从理论基础、许可协议、开放内容、开放途径和开放实践的角度，深入总结与剖析国内外的研究成果和实践经验[16]。

2.3.1　开放数据的理论探索

基础理论的发展是推动开放数据实践成熟的重要基础和研究重点。随着开放数据理论的持续发展，研究人员对开放数据的理论探索已趋于成熟。近年来，学界在开放思想的指导下，围绕政府、企业、高校等领域的数据开放展开大量的理论研究与实践探索，主要包括 5 个研究角度：基本概念与理论、模型与框架、图书馆角色与职能、科研人员的意愿与行为、障碍与影响因素。

在基本概念与理论方面，J. N. Rouder[17]指出开放科学能使研究尽可能透明、开放地提供原始数据；马海群等[18]通过"数据"和"开放"两大要素阐释开放数据的内涵，并研究大数据、开放源代码、开放获取以及信息公开的相关概念。在模型与框架方面，赵龙文等[19]基于国外相关性模型的研究，提出开放数据的相关性四维模型的构建，包括数据资源（A、B 两维）、时间以及 RDF 三元组 4 个维度；R. E. Sieber 等[20]提出改变公民和政府关系的 4 种开放数据模型，以提高数据的利用率。在图书馆角色与职能方面，刘春丽等[21]认为在开放数据和开放科学环境下，专业图书馆将扮演知识服务中心以及开放数据的管理与保存中心的角色；S. Macdonald 等[22]指出，针对管理数据泛滥现象，研究人员、图书馆员、技术人员需变革原有职能，同时图书馆在电子研究活动中扮演数据管理角色。在科研人员的意愿与行为方面，Y. Kim 等[23] 提出影响 STEM（科学、技术、工程和数学）研究人员数据共享行为的因素可概括为信仰、态度、规范及资源因素。在障碍与影响因素方面，M. Janssen 等[24] 归纳出阻碍科研人员数据开放行为的主要因素包括机构、处理数据的复杂性、开放数据的使用和开放数据的参与、立法、信息质量及技术水平；K. Williamson 等[25] 指出数据共享的障碍包括缺乏共同的学科背景、缺乏信任感、数据访问受控，以及描述数据难以实现再次利用。

众所周知，数据是已发布的科学知识的佐证，而数据的开放将提高透明度和再现性。开放数据理论丰富，涉及的内容层面较多，如相关概念、图书馆角色的转换等。虽然开放数据涉及的领域较多，如政府、高校、企业等，但其本质特点是不变的，即透明和可再利用。影响数据开放的最关键因素是科研人员的自身意愿和行为，而影响他们开放意愿和行为的因素以及数据共享的障碍又可归纳为个人利益和风险感知。研究过程中应重点分析影响科研数据开放的内外部要素，细化并识别科研数据开放的关键要素，从而推动开放数据的发展，促进数据的再利用。虽然国内外的理论探索成果已经相当丰富，但是在对开放数据的研究过程中未能充分考虑全生命周期理论的阶段，不同阶段的影响因素也不尽相同。

2.3.2　开放数据许可协议和政策研究

许可协议和政策是开放数据发展的重要机制和保障。许可协议不仅是开放数据的核心，更是开放数据增值的保障，同时对促进开放数据的发布和再利用具有重要意义。国内已有研究人员在国外图书馆领域和政府领域制定的开放数据许可协议的背景下展开研究，并与我国的现状进行对比，发现了我国存在的问题和不足，为我国各领域制定许可协议提供借鉴和经验。由于目的不同，目前开放数据的许可协议类型可概括为政府制定和非政府制定两种类型，由英国政府制定的开放政府许可协议（Open Government License，OGL）是政府制定的许可协议代表，而非政府制定协议的代表有知识共享（Creative Commons，CC）和开放数据共享（Open Data

Commons，ODC）。根据调查，开放数据政策研究主要集中在政府领域。张晓娟等[26]在研究中指出，在政府数据开放发展过程中个人信息的保护越来越受到公众的关注，个人信息政策的制定是推进政府数据开放有序进行以及平衡各方利益的重要保障。无论是许可协议的制定，还是政策的制定，都会推动数据开放的发展以及数据的再利用。

2.3.3　开放数据的内容探索

开放数据内容的研究是整个开放数据运动发展中的重中之重，可分为开放对象、开放类型和开放格式的研究。开放数据的开放不仅指数据的开放，还应该包括相关服务的开放，如在开放数据服务方面，图书馆需要向用户提供馆藏目录、数据监管、开放获取、知识发现、语义分析等服务[27]。目前数据开放内容的研究集中于对元数据的开放，元数据是描述数据的数据，与科研过程息息相关。对开放数据内容的探索可更好地满足用户需求，有助于科研人员对数据的再利用。

2.3.4　开放数据的途径与模式

基于国内外研究成果，开放途径与模式主要从数据开放平台、出版与机构知识库、模式与机制 3 个方面展开分析。

数据开放平台的适用范围较广泛，如政府数据、高校科研数据、商业数据、网络数据和个人数据等多种类型的数据都可通过开放平台进行开放，供用户获取和再利用。F. van Schalkwyk 指出生态领域的主要利益相关者使用数据平台提供的政府数据进行再次使用，推动生态领域的发展[28]。同时研究人员对用于科研数据开放的数据平台也进行了深入探讨，如对图书馆数据开放平台系统构建的研究，并提出由开放数据安全管理与防御平台基础结构、数据类型转换与标准统一平台、数据中心存储系统、数据开放与应用技术、数据开放核心服务层以及开放数据服务平台六部分构建的平台系统[29]。大数据背景下，用户对数据获取的期望值正不断提高，对获取数据的便利需求也提出要求，因此，开放平台的设立一方面为用户查询和获取数据提供了路径，另一方面为政府数据、科研数据及机构数据等类型数据的开放提供了一个平台。但通过对比和分析发现，国内数据开放平台的发展存在诸多问题，如开放的数据量欠缺、规范管理差、数据更新落后、技术支持不成熟等。国外政府数据开放平台的发展比较成熟，可为我国各种用途的开放数据平台的构建提供借鉴。

出版与机构知识库开放途径多被用来开放科研过程中产生的数据。张静蓓等[30]指出，数据出版将会提高数据的再利用，通过综合分析，现有4种出版模式：数据独立出版、数据论文出版、合作出版和期刊自行出版。数据出版的一般流程包含5个阶段，分别是数据提交、同行评议、数据发布和永久存储、数据引用、影响评价。迄今为止，机构知识库尚未有一个确切的定义，国内很多高校设置了机构知识库。基于学者的分析，机构知识库由机构建立，以网络为载体，对在工作中产生的各种数字化内容进行搜集、整理、保存、检索以及提供利用。而出版不仅以网络为载体，还可以纸质为载体，同样对数据进行搜集、开放和提供利用。

开放共享能够促进科学数据的有效交流和转换，因此开放共享模式与保障机制在开放数据发展进程中是必不可少的，并且它的适用范围相对较广。在大数据环境下，数据开放共享的公益性模式和商业化模式可具体概括为国家政策驱动模式、部门之间交换模式、企业发展带动模式、国际组织参与模式，它们相互交叉和渗透，满足公众对信息共享的需求[31]。M. Janssen等[32]分析了商业领域数据开放利用的模式，认为信息性商业模式的兴起是由公共机构对开放数据刺激创新引起的，他们通过研究荷兰的利用模式确定了6种商业模式，发现混合商业模式的公共和私人组织都有助于创造价值。数据开放共享需要一系列的保障机制。研究人员发现，在推动开放数据运动合法运行以及保障数据生产者和利用者合法利益的前提下，法律许可机制、合作机制、监督机制及问责制能贯穿开放数据开放的整个过程，推进开放数据的发展。数据的开放共享不仅改变了学术交流环境，也为社会带来了一定的经济价值。一方面，开放共享模式的构建为用户提供了获取和再利用数据的通道；另一方面，数据开放共享的发展必然离不开相关机制的保障。两者是协作发展的关系。

2.3.5　开放数据案例概览

研究人员发现，对开放数据实践的梳理有助于理论的完善，从而再次指导实践的开展。自 2009 年美国数据开放门户正式上线后，全球范围内的政府数据开放门户逐渐上线，数据开放实践研究日益增加。

由于开放数据的重要性和必要性受到越来越多的关注，相应的实践研究逐渐在非洲、美洲和欧洲等地区开展。尽管文化背景、经济基础等各方面存在差异，但实践开展主要以政府数据的开放为主。不同国家、地区层面的政府为提高政府工作效率、增加数据透明度以及加强政府与公民之间的互动性，提出或借鉴适合自身实际情况的开放数据项目和计划。目前，美洲的研究对象不仅包括政府数据，还包括医学数据。研究指出，医学领域的数据开放并不积极，导致该领域出现内部数据交流和共享不畅的现象，不利于医学的发展和传播，开放数据项目的研究对研究人员的传统观念产生冲击。非洲则通过政府数据门户和平台的建设推动政府数据开放，提高数据透明度和问责制。欧洲侧重于通过实践研究解决目前政府数据开放中遇到的数据质量、数据分布、开放水平及数据访问等问题。根据国外学者的研究可知，政府工作效率、政府透明度、公民参与度、数据质量、数据的共享和利用等都与数据开放紧密联系。

相较于国外各种开放数据实践的开展，目前国内基于开放数据实践的研究成果非常有限，仍处于探索阶段，已有的研究集中在对国外开放数据实践的分析，如武琳等[33]对英国、美国应用 Smart Disclosure 的 3 个典型项目 "Midata" "Money Advice Service" 和 "蓝绿按钮" 进行深入分析，发现政府开放数据能获得更多的经济价值。少量针对我国的实践，如黄如花等[34]分析英国、美国数据对象、数据组织、数据检索、数据开放利用、数据分享反馈及数据管理功能，了解英国、美国政府数据开放平台的发展现状。

目前，国内开放数据的实践内容仍侧重政府数据开放的研究。由于美国、英国、加拿大等发达国家在政府数据开放的实践上一直处于领先地位，因此国外有关开放数据实践的研究成果也很丰富。国内研究人员通常对国外的实践进行深入分析和对比，归纳出我国政府数据开放实践的不足，包括数据量缺乏、数据主题分类不明确、支撑技术欠缺、制度保障不完善等。分析国外实践的优劣势以及我国实践现状，能够为我国今后开放数据的发展提供参考和启示。

开放数据实践研究可以帮助政府、企业和高校在厘清开放数据概念的基础上认识数据开放的重要性和必要性，指导他们开展高效的数据开放共享工作。根据国内外开放数据实践的研究可知，国外侧重开放数据计划、项目及倡议等，而国内少数学者针对国内政府数据开放平台进行研究，侧重对国外实践的剖析。对于数据的开放，尽管各国的文化背景、经济发展和政策环境不同，但在实践研究重点上仍有共同点，即首先研究政府数据开放。

2.4 | 数据治理研究进展

在目前这个大数据时代，数据状态与数据管理水平并不匹配，普遍存在着"重创造轻管理、重数量轻质量、重利用轻增值利用"的现象。在服务创新、数据质量、开放共享、安全合规及隐私保护等方面面临着越来越严峻的挑战。数据管理中出现问题，究其根源是由于在更深的层面——数据治理中出现混乱或缺失。本节采用文献调研法和网络调查法，系统梳理国内外数据治理的基本现状，总结国内外数据治理的成功案例，分析已有数据治理模型的类型、特点、问题、挑战与机遇[35]。

2.4.1 数据治理研究动态

本研究通过文献调研法和网络调查法，梳理数据治理的研究成果及动态，在 Web of Science、Google Scholar、中国知网等数据库中进行相关检索，与此同时，对国外数据治理相关网站进行调研。例如，数据治理协会（Data Governance Institute，DGI）重点介绍数据治理的概念、目标、原则，以及相关的衍生概念。此外，国际数据管理协会（Data Management Association，DAMA）[36]侧重于搭建数据治理和数据管理之间的桥梁，厘清关系。

2.4.1.1　国外相关研究成果梳理及研究动态

通过检索相关文献，跟踪学术动态得知，国外学界关于"数据治理"的认识始于 2004 年。H. Watson 等[37]探讨了"数据仓库治理"在 Blue Cross 和 Blue Shield of North Carolina 两家公司的最佳实践，由此拉开了"数据治理"在企业管理中的大幕。2005 年之后，陆续有学者对"数据治理"展开研究，具有代表性的学者有 J. Griffin、L. Cheong 和 D. Power，他们讨论了数据治理环境下企业、政府、医院的职能角色、模型、框架、因素与机制等。

近年来，国外学界在"治理"思维的引领下，围绕企业、政府、医院和高校的数据治理展开了大量理论研究和实践探索，主要包括数据治理概念、数据治理要素、数据治理模型和数据治理框架 4 个方面。在数据治理概念方面，P. Sonia[38]指出数据治理是一个决策、职责和流程有机组合的系统，该系统确保对重要的数据资产和信息进行正规统一管理。在数据治理要素方面，G. Marinos[39]提出数据治理的要素有职责与战略责任、标准、管理盲点、迎接复杂性、跨部门问题、计量、合作、战略控制点的选择、合规监测、意识与培训；S. Stockdale[40]总结了数据治理的 5 个要素：治理结构；角色和职责；数据分类；政策、标准、指南；实施。在数据治理模型方面，K. Wende[41]提出了描述和说明企业数据治理的弹性模型，由角色、决策域与主要活动以及职责三部分组成。在数据治理框架方面，B. Otto[42]提出了由 28 个个体组织构成的数据治理组织形态。

数据治理因其在组织内部和外部管理数据使用上的重要性和优势而受到越来越多的关注，在许多重要会议上都被明确提及，例如，TDWI（数据仓库机构）会议、DAMA（数据管理协会）国际研讨会、DG（数据治理）年度会议和 MDM（主要数据管理）峰会[43]。由国外学者的研究可知，数据治理内容丰富，虽然涉及的领域较多，如商业、医疗、电信等，但其根本都是指对相应职责、决策权以及角色的分配。此外，研究人员已开发出部分数据治理框架和模型，并概括出治理要素，从而指导治理框架的构建。

2.4.1.2 国内相关研究成果梳理及研究动态

与国外"数据治理"首先在企业领域取得成功不同，国内学界对"数据治理"的研究是从国家治理和大数据治理[44]的探索开始的，之后出现了学术争鸣与大胆探索的新局面，其主要成果表现在以下方面：① 制定《数据治理白皮书》国际标准。我国于2015年5月发布了《数据治理白皮书》[45]国际标准研究报告，在报告中提出了数据治理模型和框架。② 大数据时代数据治理的新范式。朱琳等[46]指出，大数据时代数据治理的新范式全局数据具有场景化、开放性、可度量、及时性、价值化的特点。③ 政府数据治理：精简、精准与智慧。陈琳[47]指出，数据治理是政府治理方式变革的必然趋势，通过精简、精准和智慧的数据治理，使得政府的公共事务流程、社会管理方式以及实践探索都得到提升。④ 数据治理是高等教育治理的重要组成部分。许晓东等[48]研究发现，数据治理是提高高校教育质量、决策科学性以及管理效率的关键因素；数据治理作为高等教育治理的一部分，为决策系统提供了重要支持。⑤ 数据治理为图书馆事业发展带来机遇。顾立平[49]指出，图书馆可以通过开设课程或培训班来推行数据治理。⑥ 高校图书馆数据治理框架。包冬梅等[50]提出我国高校图书馆数据治理框架——CALib框架，并对每个子框架进行详细阐述；CALib框架由促成因素、范围和实施评估3个子框架构成。

综上所述，产生于企业领域的"数据治理"理念已在银行、保险、电信等以数据为核心业务的行业中得到了高度的重视和深入的研究。相比于国内，国外的研究更加深入和多元化，不仅从理论层面展开研究，还对框架模型以及实践要素等展开了探讨。国内研究大多集中在理论探索方面，实践应用研究尚有不足。

2.4.2 数据治理内涵研究

数据治理协会（DGI）指出，数据管理是指对数据集进行管理，包括管理不在组织范围内的数据集。DGI从职能角度出发，认为数据管理是确保通过数据治理制定的政策和实践能有效地帮助数据相关工作开展的一系列活动。P. Brous等[51]指出，制定和执行关于数据管理的政策对于有效的数据治理实践至关重要。国际标准化组织 ISO 于 2008 年对数据治理和数据管理（ISO/IEC 2008）提出差异化概念。ISO 指出，数据治理履行数据管理的主要职能，即数据治理规定在管理的过程中哪些决策应被制定，以及决策者为谁；而数据管理确保这些决策的制定与执行。

因此，数据管理主要侧重数据内容本身被动式的管理，而数据治理既包括对数据也包括对相关利益主体主动式的管理，管理范围更广，体系更完善，效果更显著。

H. Dutta[52]研究发现数据治理是数据管理中最重要的支柱之一，能够紧密把控数据质量。当下，对数据进行治理，对于企业而言，是咨询、创造、维护和存储数据的一种高效和安全的方式。数据治理包括数据发现和分析，其目的是发现隐藏的数据质量问题。

总体而言，数据管理与组织所做的决策有关，包括如何实施这些决策。数据治理关注的问题是哪些决策需要被谁制定，从而确保有效管理，并为这一过程提供框架。换句话说，治理不仅包括决策域，还包括决策的责任。以数据质量为例，数据治理提供了一种结构，用于确定组织中谁拥有决定数据质量标准的决策权，包括数据质量的覆盖面和如何确保达到这些标准。除此之外，数据管理还涉及数据质量的实际度量标准。

2.4.3 数据治理要素研究

数据治理不应被视为"以一应万"的万能方法，而必须通过适合特定组织的正式组织结构来制度化。同时，数据治理还应确保数据符合业务需求，包括确保数据符合必要的质量要求，以及在整个组织中定义、监控和执行数据策略，从而确保一致性。A. Haider[53]指出，数据治理是 IT 治理的一个子集，很多模型和方法都是通用的，但显著区别在于，数据治理的要素和关键点都围绕着数据展开。研究人员指出，数据治理在理论研究和实践操作中都处于缺乏的状态，由于数据是系统交互操作、业务规则和流程以及应用设计的基础，所以数据治理应被给予足够的重视，同时治理要素应围绕着提高数据整体质量展开。大众通常认为，这些组织机构有能力处理数据，但正如 N. Thompson 等[54]指出，现有的机构尚且缺乏处理数据的能力，这不是由现有的业务规则或技术本身引起的，而是由数据治理不充分导致的。但是，建立一个健全的数据治理流程需要大量的前期准备以及后期跟进，因此，N. Thompson 强调牢牢把握住数据治理的要素对于明晰数据治理的目标和达到治理的预期效果很有帮助。

2.4.4 数据治理框架研究

数据治理既是科学又是艺术。创建数据治理框架可以确保数据质量的完整性和保密性。因此，国内外的研究机构在各自研究成果的基础上提出了一些数据治理框架。这些数据治理框架为各机构的数据治理工作提供了一个多角度、多层次的服务指南和价值评价体系。

本节着重分析国外较为认可的 DGI 框架和 DAMA 框架，以及国内高校图书馆数据治理框架——CALib 框架，如表 2-1 所示。

表 2-1　国内外数据治理框架比较

框架名称	提出者	框架组成	框架功能及目的	异同
DGI 数据治理框架	数据治理协会（DGI）	DGI 数据治理框架包括规则、人员与组织机构、过程三大部分的 10 个小部分	进行更佳的决策、减少工作摩擦、保护数据利益相关者的需求、培训管理人员和员工以通用的方法解决数据问题、建立标准的可重复的流程，通过协调努力降低成本和提高效益、确保流程的透明性	DGI 提出，数据管理和数据治理是相互独立的。数据管理是确保通过数据治理制定的政策和实践能有效地帮助相关数据工作的进行
DAMA 数据治理框架	国际数据管理协会（DAMA）	DAMA 数据治理框架包括功能子框架和环境要素子框架	解决数据管理的 10 个功能和 7 个要素之间的匹配问题	在 DAMA 框架中，数据管理包括数据治理，治理是管理的核心
高校图书馆数据治理框架（CALib 框架）	包冬梅、范颖捷、李鸣	CALib 框架由促成因素、范围、实施与评估 3 个子框架组成	为解决高校图书馆数据治理问题提供理论模型和方法指导	高校图书馆的数据治理工作具有独特性，不适用通用的治理框架

　　DAMA 框架以数据管理为主导，数据管理的核心是数据治理。因此，该框架的构建理念是用数据治理解决数据管理中的 10 个功能（如元数据管理、数据质量管理等）与 7 个要素（如角色与职责等）之间的问题。与DAMA 提出的数据治理框架不同，DGI 认为数据治理和数据管理是两个独立的概念。从 DGI 给出的数据治理定义可知，数据治理包括组织整体、规则、决策权、职责、监控或者其他强制性办法。DGI 框架完全从数据治理的角度出发，为组织机构提供了一个全面完整的数据治理框架。我国学者在基于DAMA、DGI 框架的基础上，结合高校图书馆的行业特征和数据特点，创造性地提出了符合我国高校图书馆数据治理的框架——CALib 框架。该框架从3 个维度出发，分别描述数据治理的成功要素、决策范围、具体实施方法以及绩效评估方法，并初步探讨了数据治理成熟度评估的意义。

　　回顾国外数据治理的研究历程，大量的研究成果主要集中在数据治理的理论探索、框架模型的建立以及实践中。在借鉴国外研究成果的基础上，国内研究逐渐从理论探索转向实证研究方向。从国家层面看，成果主要表现为 2015 年在巴西圣保罗召开的 SC40/WG1 第三次工作组会议上，中国代表提交了《数据治理白皮书》国际标准研究报告；从政府层面看，数据治理成为政府治理方式变革的必然趋势；从教育层面看，数据治理是高等教育治理的重要组成部分，并且为图书馆事业的发展带来机遇。数据管理和数据质量管理是数据治理的先决条件与基本前提。数据治理补充了数据管理和数据质量管理的职能，但不能取代二者，因为数据管理和数据质量管理是数据治理的子功能，是展开治理工作的前提。数据治理要素和模型框架是治理的重要保障与核心内容。数据治理没有"一劳永逸"的框架模型，不同领域适合不同的治理框架。数据治理实践与应用场景是数据治理的应用拓展与价值实现。在高校中，图书馆通过提供数据服务，使科研数据产生更多的价值。有效的科研数据治理，能够将数据价值更好地回馈给科研人员，最终形成科研成果和科研数据全面共享的新局面。

2.5 │ 本章小结

本章主要采用文献调研法和网络调查法总结了科研数据概念、数据生命周期模型以及开放数据及数据治理的研究现状，为本研究的后续进展提供了坚实的理论基础和实践参考。

第3章

高校科研数据开放的影响因素分析

科研数据不仅是科学研究的重要来源，也是科研活动的基础性战略资源及重要产出。目前科研数据产生的主体之一是高校，科研人员在高校中既是科研数据的生产者，又是科研数据的管理者和使用者，在科研数据的开放过程中扮演着不可替代的角色。高校科研数据开放的影响因素是探究高校科研数据开放机理的重要基础和关键环节。本章首先通过文献调研法和扎根理论方法提取高校科研数据开放的影响因素，探析影响高校科研数据开放因素之间的关系，同时对高校科研人员进行访谈调研，明确科研数据开放的主要影响因素，并详细剖析发挥主导性作用的个人因素，为高校科研数据开放的意愿模型构建和相关假设提出作铺垫，也为调查问卷及结构方程模型的验证提供研究基础。

3.1 高校科研数据开放的影响因素提取

由开放科学的"自由、开放、合作、共享"理念以及对数据开放与共享概念的辨析可知，科研数据的开放和共享是一对紧密联系的实践活动，在科研实施的各个过程均可以将科研数据开放，而科研数据共享通常是在科研数据生命周期的后阶段，共享之后才能进行科研数据的再利用，开启科研数据新一轮生命周期循环。对于政府数据，通常是开放政府数据，或者是政府数据开放，这是由政府数据自身性质决定的。学者通常将科研数据的开放与共享混为一谈，并未真正区分开放与共享的内涵，因此，本研究在借鉴目前关于政府数据开放、科研数据共享、科学数据开放等已有研究成果的基础上，开展高校科研数据开放的影响因素探究。

3.1.1 研究方法与数据来源

扎根理论（grounded theory）是由社会学者 B. Glaser 和 A. Strauss[55]最早提出的一种科学的质性研究方法，为帮助研究者在事实、数据资料中发展和验证理论，并且将实证研究和理论建构紧密联系起来，提供一套从原始资料中归纳建构理论的方法和步骤，使研究人员能够对资料进行系统分析。本研究在文献阅读和内容分析的基础上，结合扎根理论定性研究方法对文献资料进行层层递进的分析，使研究结论更加科学化。

扎根理论的具体流程[56,57]可概括为文献回顾、初始取样、理论取样、数据整理、数据分析、理论发展和讨论分析。在这些流程中数据分析是重要的步骤，即对数据进行编码处理，根据数据提出概念、形成范畴并建构理论[56]，主要包括开放式编码、主轴式编码和选择性编码。根据扎根理论，本研究首先选择科研数据开放共享的影响因素、科研数据共享意愿的影响因素和科研数据共享的挑战等国内外相关文献进行阅读和剖析，结合数据开放与数据共享的联系，获取影响高校科研数据开放的原始资料；其次进行开放式编码（初始编码），通过对文献资料的整理和分析形成初始概念，并逐步范畴化，形成概念类属，即影响高校科研数据开放的具体因素；再其次是在开放式编码的基础上，发现概念类属之间的联系，形成主轴式编码；然后进行选择性编码，分析核心范畴，建立各范畴之间的关系；最后根据已有的编码结构形成高校科研数据开放的因素关系图。

选择中国知网和 Web of Science 数据库，以"科学数据、科研数据、研究数据、开放、共享"或者"scientific data、research data、open、share"为检索词进行文献检索，并以相关网络资源作为补充，借助文献调研和内容分析的方法对资料进行分析和搜集。在阅读和分析相关文献后，剔除不相关文献，最终选择与影响科研数据开放共享因素密切相关的 88 篇文献作为样本进行初始概念化分析，此外为使样本数据的确定能够遵循扎根理论的抽样原则——"理论饱和原则"[58]，即新搜集的数据在分析后不再产生新的概念，对理论建构不会做出新的贡献，本研究选择 1/3 的文献资源作为理论抽样。

3.1.2　开放式编码

依据扎根理论编码的原则，围绕影响科研数据开放的因素，对搜集的影响科研数据开放共享因素的文献资料进行内容分析，剔除与本次研究相关度不高的内容，共获得 371 条语句；基于原始语句开展编码工作，形成初始化概念。由于初始化概念的数量众多，并且存在部分重复和交叉，在对重复和交叉的概念进行合并或删除后，最终共获得 70 个初始概念（初始编码：b1~b70），同时对初始概念进行比较、合并及归纳，共获得 32 个概念类属（初始编码：B1~B32），如表 3-1 所示。

表 3-1　开放式编码结果表

范畴	初始概念	范畴	初始概念
B1 科研资助机构政策	b1 提交数据管理计划	B9 数据管理机制	b13 数据访问机制、b14 统一标准、b15 评价机制
B2 期刊政策	b2 论文相关数据的上传和发布	B10 开放技术	b16 技术创新、b17 技术过时、b18 数据开放技术的可用性
B3 企业资助政策	b3 企业协议	B11 意愿	b19 愿意开放
B4 国家政策法规	b4 知识产权、b5 许可制度、b6 材料转移协议	B12 态度	b20 行为
B5 高校政策	b7 高校数据公开计划	B13 感知利益	b21 学术优先权、b22 互利互惠、b23 社会评价（声誉、知名度）、b24 提升科研水平、b25 学术认可、b26 增强学术交流、b27 物质奖励、b28 预期回报、b29 利他主义、b30 自我价值感、b31 提高被引频次
B6 元数据标准	b8 元数据描述		
B7 本体论	b9 本体		
B8 数据开放平台	b10 数据仓储、b11 机构库、b12 存储方式		

范畴	初始概念	范畴	初始概念
B14 数据素养	b32 数据技能、b33 数据获取行为、b34 数据需求和使用意识、b35 专业知识及理解能力	B21 组织激励	b54 组织开放激励
		B22 数据质量	b55 数据不准确、b56 不完整
B15 感知风险	b36 出版机会的减少或丢失、b37 商业化机会、b38 科研成果被窃取、b39 数据错用或误解、b40 个人经验教训（个人经历）、b41 学术竞争力、b42 信任危机、b43 利益受损、b44 职业保护	B23 数据价值	b57 经济价值
		B24 数据安全	b58 隐私、b59 伦理道德、b60 敏感数据
		B25 数据所有权	b61 不明确的数据所有权
B16 感知努力	b45 时间、b46 资金、b47 人力（精力）	B26 数据标准	b62 各方面的数据标准
		B27 数据类型	b63 开放的数据类型
B17 感知需求	b48 科研数据的需求	B28 数据格式	b64 数据可获得性、b65 格式多样、b66 存储形式
B18 组织结构	b49 组织结构的合理性		
B19 组织文化	b50 开放文化、b51 规避风险文化	B29 数据描述	b67 数据描述
		B30 主观规范	b68 社会规范
B20 组织氛围	b52 友好和创新的氛围（环境）、b53 开放机会	B31 数据融合	b69 学科背景
		B32 职业义务	b70 负责任

由于在开放式编码过程中涉及大量语句，且受到篇幅的限制，因此仅列举部分原始语句与初始概念相对应，从而体现开放式编码的分析过程[59]。部分编码过程如表 3-2 所示。

表 3-2　部分开放式编码过程

原始资料（初始概念）	范畴化
美国国家科学基金会（NSF）和美国国家癌症研究所（NCI）要求他们所资助的项目必须提交数据管理计划（DMP）[60]（提交数据管理计划）	科研资助机构政策

续表

原始资料（初始概念）	范畴化
要求论文的作者通过某一特定的方式（比如把数据上传到开放的数据仓储或根据他人的请求发布数据等）与其他研究人员进行数据共享[60]（论文相关数据的上传和发布）	期刊政策
有一定比例的科研项目是由企业资助的，这些科研项目在一定程度上必须符合该企业的利益[60]（企业协议）	企业资助政策
过度注重数据保护，可能会限制科研工作者正常使用数据（知识产权）	国家政策法规
缺乏一个有效的数据使用许可框架，就会产生数据滥用问题（许可制度）	
Onerous terms and conditions in many MTAS have increased transactional costs for institutions and have become a major cause of delay in negotiations and the sharing of resources[61]（资料转移协议）	
各大学也制定了本单位的数据管理政策以适应科研资助机构关于科学数据管理与开放共享的要求（高校数据公开计划）	高校政策
通过元数据的质量控制，可以更好地实现科学数据的共享和不同数据仓储之间的相互操作，从而避免科学数据存储的重复，实现科学数据的互通[62]（元数据描述）	元数据标准

3.1.3　主轴式编码

由开放式编码的结果可知，目前所获得的范畴之间未存在紧密联系，而扎根理论中主轴式编码的主要任务则是发现和建立概念类属之间的各种联系，从而说明所分析的资料各个部分之间存在有机关联[63]，因此在这一部分，需要根据已有文献中对影响因素研究的认识、研究的目的、科研数据本身特征以及科研数据开放与共享之间的联系，对开放式编码中获得的32 个初始编码进行深入分析，通过对概念类属之间关系的探讨和概括，最终归纳出个人因素、资源因素、组织因素、制度因素和技术因素 5 个主范畴，表 3-3 为主轴式编码形成的主范畴、范畴及其内涵。

表 3-3　主轴式编码形成的主范畴、范畴及其内涵

主范畴	范畴	内涵
个人因素	数据开放意愿	科研人员是否乐意将自己的数据开放给其他科研人员
	数据开放态度	根据自身的主观评价对科研数据开放产生的行为倾向
	感知利益	科研人员认为开放科研数据的实施可能带来各种回报的感知
	感知风险	科研人员对开放科研数据的实施可能造成的风险感知
	感知努力	科研人员对开放科研数据的实施需耗费的时间、资金和人力的感知
	感知需求	科研人员认为开放科研数据的实施是顺应目前的学术环境及科研人员的需求
	主观规范	重要个人或团体对科研人员开放科研数据行为决策的影响
	数据素养	科研人员在开放科研数据的实施过程中对开放技术的认识和掌握,具有利用数据的能力和方式
	职业义务	科研人员将开放科研数据作为自身的一项责任和义务
资源因素	数据质量	科研数据的准确性和完整性
	数据价值	科研数据的经济价值、社会价值及科研价值等
	数据标准	科研数据开放时在体量、内容、结构等方面的标准
	数据格式	机器可读格式 XML、JSON、CSV,以及人类可读格式 PDF、RDF、XLS、XLSX 等
	数据类型	结构化数据、半结构化数据及非结构化数据
	数据描述	对数据内容的表达
	数据融合	跨学科的背景知识融合而得的数据
	数据安全	在开放科研数据实施过程中不涉及个人隐私、国家机密以及敏感的数据
	数据所有权	科研数据保管、使用等权限

续表

主范畴	范畴	内涵
组织因素	组织结构	组织中各部门在科研数据开放过程中的分工与合作
	组织文化	组织中是不开放或者减少开放科研数据的传统文化或者是倡导积极开放科研数据的文化
	组织氛围	科研人员所处的环境是否友好、科研数据开放的氛围是否积极
	组织激励	组织中对科研人员开放科研数据的行为给予适当的精神或物质鼓励
制度因素	国家政策法规	政府为推动科研数据开放制定的相关法律法规
	企业资助政策	企业在科研人员开展科研活动时提供资金或设备支持，规定科研人员需要在不损害企业利益的前提下将科研数据开放或者不允许后期开展其他操作
	科研资助机构政策	科研机构需要科研人员先提交一份详细的数据管理计划（DMP）作为为他们提供基金资助的条件
	高校政策	高校制定的相关数据管理政策，包括推动科研数据开放共享的计划
	期刊政策	期刊出版商通过制定期刊规范，规定科研人员在投稿时需附论文原始数据、原始代码等
技术因素	元数据标准	描述某类资源的具体对象时所有规则的集合
	本体论	描述数据的本质
	开放技术	支持科研人员开放科研数据的技术
	数据管理机制	对科研数据管理、开放、共享和访问的机制
	数据开放平台	科研人员能够通过该平台将数据开放给他人

3.1.4 选择性编码

在选择性编码阶段，分析主轴式编码中形成的 5 个主范畴，通过揭示主范畴的典型关系结构挖掘出具有统领性的核心范畴，开放故事线[64]。在反复比较、归纳和分析范畴之间联系的基础上，主范畴的典型关系结构见表 3-4。由主范畴的典型关系结构可知，5 个主范畴均可以影响高校科研数

据的开放活动，因此可提炼出反映研究全貌的核心范畴为"高校科研数据
开放的影响因素"。根据扎根理论对文献资料进行分析，挖掘出影响高校科
研数据开放的主范畴为个人因素、资源因素、组织因素、制度因素与技术
因素。个人因素是影响高校科研数据开放实施的主要因素；资源因素是高
校科研数据开放的前提和基础；组织因素是引导和支持高校科研数据开放
实施的保障；制度因素将推动高校科研人员更积极主动地实施科研数据开
放；技术因素可保障高校科研数据开放的顺利实施。

表 3-4　主范畴的典型关系结构

典型关系	关系结构	关系结构的内涵
个人因素→高校科研数据开放	主导作用	感知利益、感知风险、感知努力等个人因素是影响高校科研数据开放的主要因素
资源因素→高校科研数据开放	基础作用	资源是构成高校科研数据开放活动的前提和基础
组织因素→高校科研数据开放	支持作用	组织的结构、文化等引导高校科研人员是否开放科研数据
制度因素→高校科研数据开放	推动作用	制度因素推动高校科研人员实施科研数据开放
技术因素→高校科研数据开放	保障作用	数据开放平台的可获得性及相关开放技术保障高校科研数据开放实施

高校科研人员既是科研数据的主要生产者，也是科研数据的管理者与
使用者，因此以科研人员为划分依据，个人因素可被视为影响高校科研数
据开放实施的内部因素，而资源因素、组织因素、制度因素及技术因素则
被视为从外部环境影响高校科研数据开放实施的因素。据系统论可知，由
若干相关要素以一定结构形式构成的具有某种功能的有机整体就是系统，
其内涵包括要素、结构和功能，其中系统的结构是系统保持整体性以及具
有一切功能的内在根据，同时也是系统内部各组成要素之间在时空方面有
机联系与相互作用的方式或顺序，并且系统的功能和结构是不可分割的，

系统功能的发挥不仅受到系统内部结构的制约，而且受到外部环境变化的制约[65]。因此，本研究可将高校科研数据开放的实施视为一个系统的过程，并且在内部因素和外部因素相互联系、相互作用以及相互制约下实现。基于此，本研究形成了影响高校科研数据开放的因素关系图，具体如图 3-1 所示。

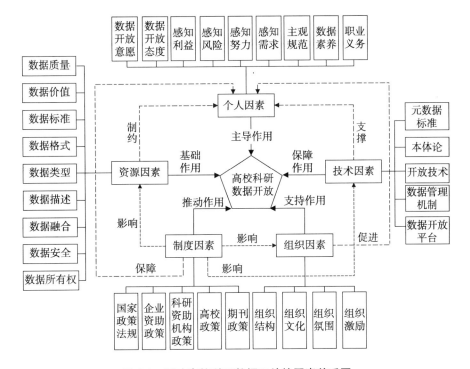

图 3-1　影响高校科研数据开放的因素关系图

3.1.5　理论饱和度检验

根据扎根理论的抽样原则，理论在构建后要检验是否满足理论饱和度原则，本研究对另外 35 个样本数据按照上述步骤进行分析，未发现资料产生新的概念和范畴，因此认为构建的理论是饱和的。

3.2 | 个人因素与其他因素之间的关系

由高校科研数据开放的影响因素关系图可知，影响高校科研数据开放的因素主要包括个人因素、资源因素、组织因素、技术因素及制度因素，其中个人因素是影响科研数据开放的内部因素，其他 4 个因素是影响科研数据开放的外部因素，5 个因素共同影响高校科研数据的开放，同时个人因素与其他 4 个因素之间存在紧密相连的关系，具体如图 3-2 所示。

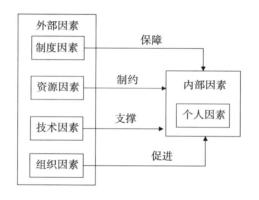

图 3-2 个人因素与其他因素之间的关系

在高校科研数据开放的实施过程中，资源因素是最重要的，也是最基础的，对个人因素产生制约性作用。若开放过程中有数据不完整或不准确、数据存在安全问题以及数据所有权不明确等因素，则使得科研人员认为开放其科研数据会给他们带来风险。因此，资源因素中的数据质量、数据安全、数据所有权主要影响着个人因素中的感知风险。若在高校科研数据开放实施过程中未形成规范的数据标准，并且数据类型和数据格式杂乱无章，则会增加科研人员处理数据的难度，耗费他们更多的精力和时间。因此，资源因素中的数据标准、数据类型、数据格式等影响着个人因素中的感知努力。综上可知，在高校科研数据开放的实施过程中，资源因素在一定层面从多个角度制约着个人因素。

技术因素由于其特有的性质，是贯穿于高校科研数据开放整个过程的一大因素，在各开放阶段发挥着不同作用，对个人因素起到支撑作用。技术因素包括元数据标准、本体论、开放技术、数据管理机制以及数据开放平台，其中元数据标准、本体论和数据管理机制的规范化和标准化不仅能够减少科研人员开放科研数据的时间、精力和成本，从而影响个人因素中的感知努力，还能够降低科研人员开放其数据的风险性；同时，先进的基础设施、合理的技术平台推动着高校科研数据的开放，使得科研人员对高校科研数据的开放持积极的态度，并且更加愿意开放其科研数据。因此，技术因素不仅支撑着个人因素发挥作用，还保障了高校科研数据的顺利开放。

在高校科研数据开放的实施过程中，组织因素推动着个人因素发挥其作用。若科研人员所处的团队或组织具备良好的开放文化和开放氛围，以及合理的组织结构和组织激励，则会使科研人员受到开放文化和开放氛围的影响，意识到开放是自身科研过程中必不可少的环节，从而推动科研人员养成良好的开放态度，愿意与领导、同事等共同投入科研数据开放的活动中。因此，组织因素不仅推动着个人因素的发展，还支持着高校科研数据的开放实施。

任何一项活动的顺利开展均离不开制度因素，高校科研数据的开放也不例外。在高校科研数据的开放过程中，制度因素保障着个人因素发挥其作用。各种与科研数据开放息息相关的政策、法律法规、办法的制定保障了科研人员在数据开放实施中的权益，使得他们对高校科研数据的开放持积极的态度，并且愿意开放其科研数据。因此，制度因素不仅保障了个人因素发挥其正向影响作用，还推动了高校科研数据的开放实施。

此外，在高校科研数据的开放实施中，科研人员可以影响数据的准确性、完整性以及对数据的具体描述，因此个人因素也是影响资源因素的重要因素。同时，制度因素由于其自身的客观性，不仅对数据安全与数据所有权的界定有指导作用，而且引导开放文化的形成，因此对资源因素和组织因素均会产生影响。

总之，在高校科研数据开放中个人因素、组织因素、资源因素、技术因素及制度因素不仅发挥着各自的作用，而且各因素之间存在紧密联系，并相互影响，尤其是作为内部因素的个人因素与其他外部因素之间的关系更需要从整体视角去审视。

3.3 ┃ 高校科研数据开放的影响因素访谈

在文献调研、网络调查及扎根理论分析的基础上，本研究通过对高校各学科领域的科研人员进行小规模的半结构式访谈，调研影响高校科研人员开放其科研数据的因素，进一步明确个人因素在高校科研数据开放中的位置及其重要性，为个人因素主导性作用的阐述、问卷调查的开展、结构方程模型的验证，以及高校科研数据开放机理和策略的提出奠定基础。

3.3.1　访谈目的与对象

半结构化访谈的目的主要包括：① 探究高校科研数据开放过程中影响科研人员开放的因素，明确个人因素在高校科研数据开放中的重要性，从而合理构建高校科研数据开放的意愿模型；② 为问卷调查主要内容设计的合理性提供依据；③ 在问卷及结构方程模型分析的基础上，进一步剖析造成假设不成立或不显著的原因，为今后相关的研究提供参考依据。

为确保访谈所搜集的数据更全面，保证结论能够反映高校科研人员与高校科研数据开放之间的关系，本研究访谈的主要对象是来自某高校各学院进行科学研究工作的教师、博士研究生及硕士研究生，访谈时间为 10 ~ 15 min。

3.3.2　访谈设计

基于访谈的目的和对象，主要围绕高校科研人员设计访谈提纲，访谈内容主要涉及以下几方面：① 科研人员关于科研数据的开放意愿；② 科研人员开放/不开放科研数据的理由；③ 科研人员愿意实施数据开放的科研阶段；④ 科研人员开放科研数据的形式。首先，在访谈开始之前简单介绍研究背景及相关概念，使接受访谈者对访谈的内容有初步了解，有助于达成访谈目的；其次，由于主要采用的是半结构化访谈，因而在访谈过程中可以根据被访谈者的回答情况对问题随时进行调整。

3.3.3　访谈分析

本研究中被访谈者共有 43 名，采用与被访谈者面对面的方式进行半结构化访谈。被访谈人员主要分布在高校的各个学院（部门）。选择的访谈对象分布范围较广泛，学科覆盖较全面。被访谈者中教师、博士研究生和硕士研究生分别为 22 名、6 名和 15 名，尽管身份分布不均匀，但根据访谈内容了解到了不同学科、不同经历的科研人员对科研数据开放的认知和态度。

2 名或 3 名研究人员对访谈内容进行整理归纳，将被访谈者在科研各阶段的开放态度以及影响他们开放科研数据的因素进行概括，如表 3-5 所示，不同学科的科研人员对科研数据的开放所持的态度各有不同。有 16% 左右的被访谈者在科研的任何阶段都愿意开放其科研数据，他们认为在科研开展前将自己的想法开放给他人有利于科研新想法的形成，志同道合的科研人员会通过头脑风暴的形式将想法确定为研究的创新点；在科研实施过程中将科研数据开放给他人，会得到同领域的科研人员或专家的建议和补充，让科研开展得更好；在科研开展结束后开放相关科研数据，会提高研究成果的被引率等。大约 9% 的被访谈者在科研的任何阶段都不愿意开放其科研数据，其余大部分被访谈者只有在形成科研成果或者成果发表后才愿意开放其科研数据，且其中少部分被访谈者只愿意在保障自身利益的前提下开放。

表 3-5　被访谈者对开放科研数据的态度

序号	任何阶段都不愿意开放	发表前愿意开放	发表后愿意开放	任何阶段都愿意开放	科研数据		影响开放的因素
					部分数据	所有数据	
1	/	/	√	/	√	/	知识产权、侵权、自身价值、劳动量
2	/	/	/	√	/	√	数据理解和利用能力、学术竞争、劳动量
3	/	/	√	/	√	/	数据的准确性和完整性、剽窃、版权、被引率
4	/	/	√	/	√	/	成果窃取、自身利益
5	/	/	√	/	√	/	成果窃取
6	/	/	√	/	√	/	知识产权、剽窃、被引率、知识传播
7	/	/	√	/	√	/	数据的准确性、剽窃
8	/	/	/	√	√	/	上级领导的建议
9	/	/	√	/	√	/	剽窃、被引率、学术影响力
10	√	/	/	/	/	/	数据量大、后期研究会用到
11	/	/	√	/	√	/	互惠互利
12	/	/	√	/	√	/	被引率
13	/	/	√	/	√	/	导师要求
14	/	/	√	/	√	/	知识产权、剽窃
15	/	/	√	/	√	/	避免重复研究
16	/	/	√	/	√	/	花费大量时间、引用形式
17	/	/	/	√	/	√	数据获取渠道是开放的、信任
18	√	/	/	/		/	个人隐私、劳动成果、篡改
19	/	/	√	/	/	/	研究创新点

续表

序号	任何阶段都不愿意开放	发表前愿意开放	发表后愿意开放	任何阶段都愿意开放	科研数据		影响开放的因素
					部分数据	所有数据	
20	/	/	√	/	√	/	自身权益
21	/	/	/	√	/	√	数据获取渠道是开放的、时间和精力
22	√	/	/	/	/	/	学术竞争、数据剽窃、时间和精力
23	/	/	/	√	√	/	资助企业的允许、互惠互利
24	/	/	√	/	√	/	被引率
25	/	/	/	√	/	√	学科特点、被引率
26	/	/	√	/	√	/	学科特点、责任、数据真伪
27	/	/	√	/	√	/	时间和精力
28	/	/	√	/	√	/	版权
29	√	/	/	/	/	/	劳动成果、学术竞争、开放氛围、自身权益
30	/	/	√	/	/	/	个人隐私和知识
31	/	/	√	/	/	/	产权、知识产权、学术竞争、成果窃取
32	/	/	√	/	√	/	数据理解能力、数据的准确性
33	/	/	√	/	√	/	研究时效性和首发性、学术竞争
34	/	/	√	/	√	/	窃取想法、知识产权、被引率
35	/	/	√	/	√	/	劳动成果

续表

序号	任何阶段都不愿意开放	发表前愿意开放	发表后愿意开放	任何阶段都愿意开放	科研数据		影响开放的因素
					部分数据	所有数据	
36	／	／	√	／	√	／	科研资助机构的想法
37	／	／	√	／	√	／	学术竞争、成果外泄
38	／	／	√	／	√	／	个人隐私、敏感数据、知识产权
39	／	／	√	／	√	／	成本、优先发表
40	／	／	／	√		√	互惠互利
41	／	／	√	／	√	／	剽窃
42	／	／	√	／	√	／	优先发表
43	／	／	√	／	√	／	时间和成本

注：／表示不愿意开放，√表示愿意开放。

对表 3-5 中影响被访谈者开放其科研数据的因素进行提炼，最终归纳出的影响因素包括侵权、发表优先权、数据错用、数据误用、资金耗费、学术竞争、成果时效性和首发性、时间耗费、成果剽窃（窃取）、劳动量的增加、被引率、知识产权、个人隐私、数据理解能力、数据利用能力、学术影响力、知识广泛传播、学者名气、保密协议、互惠互利、数据准确性、教师要求、负责任等因素。通过扎根理论方法对这些因素进行初始编码，具体结果如表 3-6 所示。根据已有研究分析，这些因素可归纳为感知风险、感知努力、职业义务、数据安全、数据素养及数据质量等。结合图 3-3 访谈内容的词云图可知，成果窃取、发表优先权、学术竞争、资金、时间、精力、利益出现的频次最多，可见感知风险、感知努力和感知利益对被访谈者开放科研数据的影响最大，而这 3 个因素属于个人因素。以上因素使构建高校科研数据开放的意愿模型具备了合理性和可行性，并且为问卷设计的侧重点提供借鉴和参考。

表 3-6 访谈内容初始编码

初始编码	原始语句	初始编码	原始语句
感知风险	侵权	数据安全	知识产权
	竞争对手		保密协议
	成果剽窃		个人隐私
	成果窃取	数据素养	数据理解能力
	自身利益		数据利用能力
	发表优先权	感知利益	学术影响力
	数据错用		被引率
	数据误用		知识广泛传播
	学术竞争		学者名气
	成果时效性和首发性		互惠互利
感知努力	时间耗费		利于学术研究
	增加劳动量	数据质量	数据准确性
	资金耗费	主观规范	教师要求
职业义务	负责任		

图 3-3 访谈内容词云图

3.4 高校科研数据开放的个人因素主导作用阐述

由文献调研、网络调查及扎根理论的分析可知，影响高校科研数据开放的因素包括个人因素、资源因素、组织因素、技术因素和制度因素，其中个人因素属于内部因素，资源因素、组织因素、技术因素和制度因素属于外部因素，内外部因素相互联系、相互作用，共同推动着高校科研数据的开放，内部因素的作用需要发挥到一定程度时，外部因素才能充分发挥各自的作用，并且推动内部因素的变化。由半结构化访谈的分析结果可知，个人因素是影响高校科研人员开放其科研数据的最主要因素。因此，在高校科研数据开放实施的过程中，个人因素的重要性不言而喻。

此外，由利益相关者理论可知，高校科研数据的开放实施过程中涉及的利益相关者呈现多元化特征，包括高校科研人员、科研机构、科研资助机构、企业资助机构、数据中心、学术出版机构、高校以及图书馆等，他们参与高校科研数据开放实施的行为特征、目的以及在开放中发挥的作用各不相同。高校科研人员在推动高校科研数据开放的各个利益主体中处于关键核心地位，因此探讨个人因素的主导性作用可从高校科研人员切入，具体如图 3-4 所示。

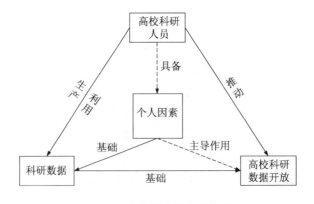

图 3-4　个人因素的主导作用

　　高校科研人员不仅包括处于科研团队和科研机构的科研人员，而且包括独立于科研团队和科研机构的科研人员。由图 3-4 可知，高校科研人员不仅是高校科研数据的生产者，而且是高校科研数据的使用者和利用者，高校科研人员可以通过调查、实验等直接或间接的方式产生科研数据，同时科研人员可以根据自己的研究情况筛选有用的科研数据并且利用科研数据，从而达到他们开展研究的目的。科研数据不仅仅是学术交流、科研发展、开放实施的重要战略性资源，更是个人因素得以发挥的基础，高校科研数据的开放以及相关的科研数据管理服务均离不开科研数据。高校科研人员不仅为高校科研数据的开放提供科研数据，还能充分发挥他们的主观能动性以推动高校科研数据的开放。由于个人因素中的具体因素均与高校科研人员密切相关，因此，高校科研人员具备影响高校科研数据开放的个人因素特征，他们以科研数据为实施基础，充分发挥主观能动性推动科研数据的开放，使得个人因素在科研数据开放实施中发挥主导性作用，推动高校科研数据的开放实施。

　　由此可见，个人因素在高校科研数据的开放过程中发挥的主导性作用是不可替代的。因此，需要剖析高校科研人员个人因素对高校科研数据开放的影响，研究科研人员在科研数据开放过程中发挥积极因素的作用，并推动资源因素、组织因素等外部因素的实施，为今后对其他利益主体的研究提供借鉴。

3.5 ┃ 本章小结

　　本章通过文献调研与网络调查，选择 88 篇与影响科研数据开放共享因素密切相关的文献，通过扎根理论方法进行开放式编码、主轴式编码和选择性编码，并进行理论饱和度检验，总结出高校科研数据开放的影响因素包括 32 个初始编码和 5 个主范畴（个人因素、资源因素、技术因素、组织因素和制度因素）。通过分析范畴之间的内容，归纳出核心范畴为"高校科研数据开放的影响因素"，同时进一步构建了影响高校科研数据开放的因素关系图，剖析了 5 个主范畴与高校科研数据开放之间的关系，重点分析了个人因素与其他 4 个因素之间的关系，继而对 43 位高校科研人员（教师、硕博士研究生）进行访谈，搜集详细的语音资料和有关科研数据开放的原始资料，通过对已转换成文字的语音资料和其他辅助资料进行初始编码，提炼出影响高校科研数据开放的主要因素，并借助词云图突出个人因素在科研数据开放过程中的重要性，从而明确个人因素在高校科研数据开放中的主导作用。根据文献调研、网络调查以及访谈分析，结合利益相关者理论，重点剖析和阐释了个人因素在高校科研数据开放实施中的作用，明确高校科研人员的个人因素是推动高校科研数据开放的关键因素，强调了对个人因素研究的重要性，为高校科研数据开放的意愿模型构建、假设提出以及实证分析打下基础。

第4章

高校科研数据开放意愿的实证研究

文献调研和网络调查的结果显示，高校科研数据开放的影响因素包括个人因素、资源因素、技术因素、组织因素和制度因素，其中个人因素在高校科研数据开放中起主导作用。本章根据高校科研数据开放的影响因素分析以及个人因素在高校科研数据开放中的重要性阐释，结合计划行为理论和技术接受模型构建高校科研数据开放的意愿模型，提出相应假设，同时采用问卷调查法以及结构方程模型开展实证分析，为高校科研数据的开放机理研究以及高校科研数据的开放实践提供理论支持和参考依据。

4.1　高校科研数据开放的意愿模型构建与假设提出

根据对高校科研数据开放的影响因素分析以及个人因素的主导性作用的阐释，本章构建了高校科研数据开放的意愿模型，并提出相关的研究假设，为问卷调查和结构方程模型的实证性研究、高校科研数据开放的机理剖析以及高校科研数据开放实践奠定基础。

4.1.1　理论模型

计划行为理论（theory of planned behavior，TPB）是在理性行为理论（theory of reasoned action，TRA）的基础上发展形成的、应用于社会心理学领域的整合行为理论，是一种以信息加工的视角阐释或者预测个体行为一般决策过程的理论[66]。近年来，计划行为理论和技术接受模型在政府数据开放意愿、科学数据共享意愿以及消费者网购意愿等研究中广泛用于预测和解释个体行为意图。

目前关于政府数据开放、科研数据开放的共享行为、意愿等影响因素的研究成果颇多，高天鹏等[67]利用解释结构模型来分析我国政府数据开放的因素，并找出各个关键性因素和它们之间的影响关系及层次结构，以及促进我国政府数据开放的关键点；K. Williamson等[68]指出公民和专业科学家之间数据共享的障碍包括缺乏共享文化、信任、责任心以及数据描述等。其中，基于计划行为理论和技术接受模型的研究是目前国内外常见的研究，如张晋朝[69]基于计划行为理论和知识整合理论，提出影响我国高校科学数据共享的因素包括主观规范、科学数据共享态度、互惠预期、预期回报以及知识丧失等；何琳等[70]借鉴计划行为理论和技术接受模型，以主观规范、共享态度、感知风险、感知成本消耗、感知有用性等变量构建科研人员数据共享意愿模型；社会科研人员数据共享行为模型通过计划行为理论和制度理论来描述潜在的个人因素、制度因素和资源因素[71]。除综合各种理论构建模型的研究外，也有仅借鉴计划行为理论研究的成果，如包秦雯等[72]在计划行为理论的指导下研究了行为信念（感知职业利益、感知职业风险）、感知行为控制、主观规范几个方面因素对地球科学领域中开放科研数据行为的影响。

结合高校科研数据开放的影响因素以及个人因素的主导性作用分析，本书在计划行为理论和技术接受模型的基础上构建了高校科研数据开放的意愿模型，以研究影响高校科研数据开放的因素。本研究在已有研究成果的基础上，将意义相近的因素归纳为一种因素，如将预期回报、互惠预期等概括为感知利益，同时根据本研究的内容增加相应的影响因素，构建了如图4-1所示的高校科研数据开放的意愿模型。

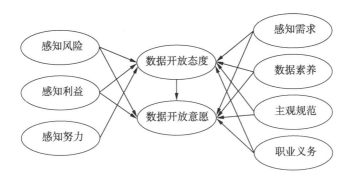

图 4-1　高校科研数据开放的意愿模型

4.1.2　研究变量与假设

4.1.2.1　研究变量的定义

本研究涉及的变量包括数据开放意愿、数据开放态度、感知风险、感知利益、感知努力、感知需求、主观规范、数据素养和职业义务 9 个变量。其中，大多数变量来自已有的研究成果，并且根据研究需要进行了修改和完善，少数变量是根据相关研究总结概括而来的，主要在文献分析的基础上定义各个变量并选取测量维度。

① 数据开放意愿是指高校科研人员对科研数据开放行为的主观意愿强烈程度以及未来考虑开放高校科研数据的意愿程度。本研究设计了 3 个问题对数据开放意愿进行测量，如表 4-1 所示。

表 4-1　数据开放意愿的测量指标

问题编号	测量的问题	参考来源
13-1	我愿意无条件开放我的科研数据	周珊珊等（2015）[73]
13-2	我愿意其他科研人员利用我的科研数据进行科学研究	
13-3	我愿意开放科研数据支持开放科学的研究，以改善科研质量	Y. Kim 等（2016）[74]

② 数据开放态度是指高校科研人员对科研数据开放行为的支持程度。本研究设计了两个问题对数据开放态度进行测量，如表 4-2 所示。

表 4-2　数据开放态度的测量指标

问题编号	测量的问题	参考来源
14-1	我认为科研数据开放的过程令人愉悦	余玲（2016）[75]
14-2	开放科研数据对科研发展具有促进作用	周珊珊等（2015）[73]

③感知风险是指高校科研人员对科研数据开放过程中可能造成与期望不符的负面结果的感知。本研究设计了 5 个问题对感知风险进行测量，如表 4-3 所示。

表 4-3　感知风险的测量指标

问题编号	测量的问题	参考来源
15-1	如果开放科研数据，可能会泄漏研究的核心内容	周珊珊等（2015）[73]
15-2	如果开放科研数据，数据可能会被恶意使用或篡改	
15-3	如果开放科研数据，有可能失去出版的机会	Y. Kim 等（2016）[74]
15-4	如果开放科研数据，就会损害我的切身利益	周珊珊等（2015）[73]
15-5	如果开放科研数据，那么我认为开放的总体风险是很高的	Y. Kim 等（2016）[74]

④感知利益在技术接受模型中是重要的衡量指标，是指用户主观上认为某一特定系统能够提升的工作绩效程度[70]。本研究中感知利益主要是指高校科研人员对科研数据开放过程中可能获得的回报、奖励等的感知。本研究设计了 4 个问题对感知利益进行测量，如表 4-4 所示。

表 4-4　感知利益的测量指标

问题编号	测量的问题	参考来源
16-1	我可以通过开放科研数据获得学术信誉，比如更多的引文	Y. Kim 等（2016）[74]
16-2	如果开放科研数据，那么我可以获得一定的金钱报酬、物质奖励等积极反馈	余玲（2016）[75]

续表

问题编号	测量的问题	参考来源
16-3	如果开放科研数据，就可以保证研究结果的真实性	吴丹等（2015）[76]
16-4	如果开放科研数据，就可以更好地佐证自己的研究	

⑤ 感知易用性在技术接受模型中是指用户主观上认为使用某一特定系统需要付出努力的程度。本研究将感知易用性定义为感知努力，是指高校科研人员在科研数据开放过程中所耗费的成本感知，包括时间、精力（劳动力）以及资金[73,77]。本研究设计了 4 个问题对感知努力进行测量，如表4-5 所示。

表 4-5　感知努力的测量指标

问题编号	测量的问题	参考来源
17-1	开放科研数据占用了我太多的时间（例如，组织/注释）	T. M. Yang 等（2016）[78]
17-2	我需要付出巨大的努力来开放科研数据	
17-3	我发现科研数据的开放很难做到	
17-4	我需要投入大量的精力来开放科研数据	

⑥ 主观规范是指高校科研人员在科研数据开放过程中感知到的社会压力，本研究中主要反映的是同事、领导、团队以及同领域专家对他们的行为决策的影响[79]。本研究设计了 3 个问题对主观规范进行测量，如表4-6 所示。

表 4-6　主观规范的测量指标

问题编号	测量的问题	参考来源
18-1	我进行科研数据开放是受同事、领导或者同行朋友的建议或行为的影响	余玲（2016）[75]
18-2	我进行科研数据开放是受知名专家的建议或行为的影响	
18-3	我进行科研数据开放是受科研合作者的建议或行为的影响	

⑦ 数据素养是对信息素养等概念的延伸，也被称为数据信息素养，主要是指科研人员在科研数据的采集、组织和管理、处理和分析、开放和共享等方面需要的能力，以及科研人员在科研数据管理周期中的道德和行为规范[80]。本研究中，数据素养主要是指高校科研人员在科研数据开放过程中需要具备的相关数据专业知识、专业技能等。本研究设计了 3 个问题对数据素养进行测量，如表 4-7 所示。

表 4-7　数据素养的测量指标

问题编号	测量的问题	参考来源
19-1	我能够辨别哪些科研数据可以进行开放	M. Janssen 等（2012）[81]
19-2	我能够借助科研数据平台进行科研数据的开放	自拟
19-3	我已具备科研数据开放的专业知识和理解能力等基本技能	M. Janssen 等（2012）[81]

⑧ 职业义务是指高校科研人员在科研数据开放过程中需要承担的职责和义务。本研究设计了两个问题对职业义务进行测量，如表 4-8 所示。

表 4-8　职业义务的测量指标

问题编号	测量的问题	参考来源
20-1	我认为作为一名科研人员有义务开放科研数据	自拟
20-2	我认为作为一名科研人员需要对科研数据的开放负责任	K. Williamson 等（2016）[68]

⑨ 感知需求是指高校科研人员感知科研数据开放满足数据驱动科研的需求、科研数据再利用的需求以及科研人员共同研究的需求等[82]。本研究设计了 3 个问题对感知需求进行测量，如表 4-9 所示。

表 4-9　感知需求的测量指标

问题编号	测量的问题	参考来源
21-1	我认为科研数据的开放推动了开放科学的发展	
21-2	我认为科研数据的开放是科研人员进行科研数据共享和再利用的基础	自拟
21-3	我认为科研数据的开放能帮助其他科研人员理解科研过程	

4.1.2.2　研究假设的提出

本研究在高校科研数据开放的意愿模型构建以及对各变量定义分析的基础上，提出高校科研数据开放意愿模型的研究假设。模型的研究假设主要是数据开放态度、感知风险、感知利益、感知努力、感知需求、主观规范、数据素养、职业义务与数据开放意愿之间的关系，研究这些变量对模型中数据开放意愿的影响。

① 计划行为理论认为行为态度是直接影响意愿的因素，并且在已有的研究中验证了态度是影响科研数据共享意愿的直接因素，即科研人员的数据共享态度越积极，数据共享意愿就会越强烈。如果高校科研人员对科研数据的开放持有积极的态度，那么他们就有强烈的意愿进行科研数据开放，反之他们就不愿意进行科研数据开放，因此提出假设 H1。

H1：高校科研人员的科研数据开放态度影响其科研数据开放意愿。

② 感知风险包括科研成果被窃取、数据错用或误解、出版机会的减少或丢失、利益受损等[83]。如果将科研数据开放给他人，当高校科研人员感觉该行为会导致他人可能利用自己的科研数据（创意）开展研究抢先发表，或者他人对自己开放的科研数据认识不够、使用不恰当等而对自身开展研究不利时，就会拒绝科研数据开放的实施，产生消极的科研数据开放态度，并且具有较弱的开放意愿，因此提出假设 H2、H3。

H2：感知风险负向影响高校科研人员对科研数据开放的态度。

H3：感知风险负向影响高校科研人员对科研数据开放的意愿。

③ 由感知利益的理解可知，如果科研数据开放的实施能够使高校科研人员感到自身价值提高、得到预期回报等，那么高校科研人员就会产生积极的科研数据开放态度，并且愿意开放其科研数据，因此提出假设 H4、H5。

H4：感知利益正向影响高校科研人员对科研数据开放的态度。

H5：感知利益正向影响高校科研人员对科研数据开放的意愿。

④ 感知努力即高校科研人员对科研数据开放过程中时间、精力（劳动力）以及资金的耗费感知。如果高校科研人员感知科研数据开放耗费的成本较高，那么他们就会产生消极的科研数据开放态度，并且开放其科研数据的意愿较弱，因此提出假设 H6、H7。

H6：感知努力负向影响高校科研人员对科研数据开放的态度。

H7：感知努力负向影响高校科研人员对科研数据开放的意愿。

⑤ 在计划行为理论中，主观规范通过影响行为意愿间接影响行为，张晋朝[69]、何琳等[70]多位学者研究发现主观规范对科研数据共享意愿产生正向影响。而在高校科研数据开放过程中，如果科研人员感知到来自身边的同学、教师、学术专家对他们的影响力越大，那么他们就会产生积极的科研数据开放态度，并且开放其科研数据的意愿也越强烈，因此提出假设 H8、H9。

H8：主观规范正向影响高校科研人员对科研数据开放的态度。

H9：主观规范正向影响高校科研人员对科研数据开放的意愿。

⑥ 数据素养的本质是全球信息化时代需要人们具备的一种基本能力，而美国大学与研究图书馆协会（ACRL）在《2015 环境扫描报告》中认为目前数据馆员需要积极主动地参与数据素养对话，结合自身专业学习新的策略，因此数据素养成为图书馆员以及科研人员的必备素养之一，并且是数据管理服务领域中的关键要素[84]。高校科研人员的数据素养越高，他们越会持积极的科研数据开放态度，并且开放其科研数据的意愿也越强烈，因此提出假设 H10、H11。

H10：数据素养正向影响高校科研人员对科研数据开放的态度。

H11：数据素养正向影响高校科研人员对科研数据开放的意愿。

⑦ 在生命科学领域中，影响科研数据公开分享的因素包括职业义务，但是其在目前已制定的相关数据共享政策中并未受到重视[85]。职业义务是人们在开展特定活动中所需要承担的特定职责，包括需要做的工作和应该承担的义务，在开展科学研究的过程中，数据生命周期贯穿其中。如果高校科研人员的职业义务越强烈，那么他们将持积极的科研数据开放态度，并且开放其科研数据的意愿也越强烈，因此提出假设 H12、H13。

H12：职业义务正向影响高校科研人员对科研数据开放的态度。

H13：职业义务正向影响高校科研人员对科研数据开放的意愿。

⑧ 如果高校科研人员的感知需求越大，那么他们对开放科研数据持积极的态度，并且开放其科研数据的意愿也越强烈，因此提出假设 H14、H15。

H14：感知需求正向影响高校科研人员对科研数据开放的态度。

H15：感知需求正向影响高校科研人员对科研数据开放的意愿。

4.2　高校科研数据开放意愿的问卷调查

4.2.1　调查目的与对象

从理论角度构建高校科研数据开放意愿的理论模型并提出假设，需要通过实证研究验证假设和理论模型的提出是否合逻辑。本书在前期的文献阅读和分析、网络调查以及半结构化访谈的基础上，通过问卷调查法展开研究，全面深入了解影响高校科研数据开放意愿的因素，促进高校科研数据的有序开放，推动高校科研活动的顺利开展。

由于本研究是围绕高校科研数据的开放意愿主题展开的，因此问卷调查的对象必须满足以下两点：首先，被调查者必须来自高校；其次，被调查者必须是产生科研数据的人员（教师、学生均可）。综合考虑后，调查问卷的发放对象主要是全国各高校的科研人员。

4.2.2　问卷设计

由高校科研数据开放的影响因素关系图（见图 3-1）可知，影响高校科研数据开放的因素主要包括个人因素、制度因素、组织因素、资源因素和技术因素。访谈内容从侧面反映了个人因素在高校科研数据开放中的重要性，并且对个人因素在高校科研数据开放中的主导性作用进行了详细阐释，为高校科研数据开放意愿的理论模型构建和假设提出奠定了基础。调查问卷的内容主要包括三部分：第一部分是被调查者的性别、年龄、学历等基本信息；第二部分是高校科研数据开放的意愿调查，即对个人因素的调查，主要基于已有的研究设计题项；第三部分是影响高校科研数据开放的其他因素调查。

本次调查问卷共设 46 道题项，采用李克特五级量表设计题项，其中很不同意、不同意、一般、同意、很同意 5 个选项对应的分值分别为 1 分、2 分、3 分、4 分、5 分，被调查者根据自身实际情况进行选择。调查问卷的第二部分中潜变量有 9 个，分别是数据开放意愿、数据开放态度、感知风险、感知利益、感知努力、主观规范、数据素养、感知需求和职业义务。由于本研究的主题、研究内容、提出的假设以及构建的理论模型均与已有的高校科研数据的研究有所区别，没有能直接适用于本研究的调查问卷，因此在进行问卷设计时参考了部分参考文献中的量表题项并进行相应修改，同时根据已有文献的相关内容结合本研究变量的内涵设计了部分题项，问卷中各题项均经过修改以适合本研究使用。

4.2.3　问卷的发放与搜集

在完成调查问卷的设计后，为避免问卷中题项设置不合理、表述不清晰以及内容不紧扣等问题，同时为提高调查问卷的信度和效度，在正式发放问卷前通过纸质问卷的形式邀请周边的教师以及硕、博士研究生进行问卷预调研。问卷预调研大约发放问卷 30 份，对搜集的数据进行相关分析，并根据被调查人给予的反馈和建议，对问卷中不明确的题项和内容进行修改、删除和完善，以保证问卷正式发放后回收数据的有效性。由此完成了正式调查问卷的设计。调查问卷的第二部分内容最终共有 29 个可观测变量。

本研究主要采用结构方程模型来验证所提的假设和模型，而结构方程模型实际运行中所需样本量最少为 200 份。若样本数量过少，则会导致结果不收敛或者不够精准等多种现象[86]。结合 Gorsuch 的观点——问卷测量题项和被调查者的比例最好保持在 1∶5 以上，或者最好达到 1∶10，这个问卷样本数量是较常用的标准[87]。本研究的调查问卷共 46 道题项，因此问卷发放的样本数量最佳需达到 460 份以上。本研究通过问卷星 App 大规模发放电子问卷，历时 30 天共回收 568 份问卷，去除无效问卷和不符合要求的问卷 76 份，共获得 492 份有效问卷，符合结构方程模型的样本要求。

4.2.4　数据分析方法

4.2.4.1　量表的验证方法

对回收的问卷进行分析，首先对问卷中量表的信度和效度进行检验，本研究利用 SPSS 18.0 软件检验信度和效度，主要通过量表中各变量的克朗巴哈系数法（Cronbach's Alpha）来判断问卷的信度，利用 SPSS 软件中的因子分析来判断数据的效度。

4.2.4.2　结构方程模型分析法

结构方程模型（structural equation modeling，SEM）分析法综合运用了多元回归、方差分析、探索性因子分析、路径分析以及验证性因子分析等统计方法，是目前常用的验证性因子分析方法，不仅可以同时处理多组潜在变量之间的关系，而且能够分析测量误差[88,89]。结构方程模型中既包含可观测的显变量，也包含无法直接观测的潜变量，目前最常用的结构方程模型包括协方差建模法（LISERL）和偏最小二乘法（PLS）。偏最小二乘法可以较好地预测科研数据开放过程中各潜变量之间的关系，以最大限度地反映观测变量。结构方程模型分析步骤包括设定模型、选择建模技术、PLS、模型的估计、评价模型以及确定模型，从而实现对事先理论假设验证的目的[90]。本研究采用结构方程模型中广泛使用的工具 SmartPLS 2.0 进行数据分析和模型验证。

4.2.5　问卷基本数据分析

问卷主要从性别、年龄、所属学科领域、职位对科研数据开放的了解程度以及是否有过开放科研数据的经历等个人的基本情况进行分析，同时从高校科研数据的个人影响因素和其他影响因素（技术因素、资源因素、组织因素、制度因素）对该问卷进行描述性统计分析，为假设和模型验证提供依据。

4.2.5.1 样本概况

通过对回收的问卷数据进行分析可知，被调查者分布在全国各大高校，高校的地理位置涵盖北京、天津、内蒙古、山东、辽宁、江苏、上海、重庆、广西、澳门等省（市）。

（1）科研人员的基本信息分析

被调查者中男性所占比例为 41.26%，女性所占比例为 58.74%，男女比例较为均衡；98.57% 的被调查者的年龄集中在 21～50 岁。综合分析可知，中青年科研人员更具备科研数据开放的积极性，是推动高校科研数据再利用的中坚力量；从职位上看，在读硕士生、在读博士生和教师占主体，所占比例达 91.87%，表明被调查者的教育背景良好；从学科领域看，理工科和人文社科类专业的科研人员居多；被调查者涵盖了高校的各个部门，有 57.93% 的科研人员来自院系或研究中心（研究所），样本来源具有较好的代表性。

（2）科研人员科研数据开放情况

基于对访谈内容的具体分析可知，在高校科研过程中，大多数科研人员并未意识到科研数据开放在他们未来科研过程中的重要性，并且少数科研人员完全不了解科研数据开放，因此问卷中设计了相关题项以探讨被调查者对科研数据开放的了解和认知。对科研数据开放有点了解和比较了解的科研人员占 74%，非常了解的和不了解的分别占 8.33% 和 5.28%，由此可见，鼓励了解科研数据开放的高校科研人员将其科研数据开放给他人是具有可行性的。

在科研过程中，科研数据是宝贵的资产，从它的产生、存储、分析、开放到共享和再利用等一系列过程必然涉及多方利益，因此根据前期文献调研中提到的相关利益者，本研究设计了多选题型，从科研人员视角调研科研数据开放涉及的利益相关主体。被调查者认为，高校实施科研数据的开放首先与科研人员的利益密切相关，依次是科研机构、课题组以及数据中心，科研人员、科研机构和课题组这 3 个利益主体是产生科研数据的主要生产者，而数据中心在高校中是用来存储科研数据的，科研数据的开放会影响数据中心的传统利益，因此有 289 人次选择了数据中心；同时，被调查者认为政府、企业资助机构以及高层管理者的利益与科研数据开放是最不相关的。

此次问卷调查了高校科研人员在科研过程中开放其科研数据的情况，结果发现仅有 190 名被调查者曾经有过开放科研数据的行为。结合访谈内容可知，来自理工农医类专业的被调查者考虑到自己产生的科研数据所耗费时间、精力以及资金等成本极高，并且核心数据在他们今后的研究中扮演着重要角色，因此他们对科研数据开放持消极的态度；而人文社科类专业的被调查者指出，他们的科研数据绝大部分是通过对已有文献等相关资料进行提炼和归纳，其他科研人员同样可以从这些资料中获得科研数据，因此他们对科研数据开放持积极的态度。

同时，在已有过开放科研数据行为的被调查者中，54.21% 和 53.68% 的科研人员分别愿意在科研数据组织、分析阶段以及发布、共享阶段开放其科研数据，不到一半的被调查者愿意在科研数据搜集、获取阶段和保存、存储阶段开放其数据。结合已有的文献调研和访谈可知，首先科研数据搜集、获取阶段的数据是原始的、未加工的，并且部分学科的数据是各个科研人员均可获取的，因此他们认为这一阶段的数据准确性不高；其次这一阶段需要耗费的时间、精力等成本会增加，他们认为若将科研数据开放给他人，则自身的劳动量将被忽略。而保存、存储阶段的科研数据是完善的，是作为科研过程的研究核心，他们担忧存在优先发表、成果窃取等风险，不愿意开放其科研数据。同样地，在科研的不同阶段均有科研人员开放其科研数据，但是更多被调查者仍愿意在科研活动开展后开放其数据，这与访谈的分析内容相吻合，科研人员担忧其他科研阶段开放其科研数据会影响自身利益。

众所周知，科研数据必须借助一定的方式才能开放给其他科研人员，本研究将开放方式归纳为机构知识库、实验记录以及科研数据平台等。大部分被调查者选择通过科研数据平台开放其科研数据，占已有科研数据开放经历被调查者的63.68%。20.53%的被调查者希望将科研数据上传到机构知识库中以便后期的开放、共享和再利用，仅有13.16%的被调查者直接将自己在科研过程中所做的实验记录开放给他人。由此可见，规范的科研数据平台会推动科研人员开放其科研数据。

4.2.5.2　被调查者个人因素分析

利用统计分析软件 SPSS 18.0 将问卷中第二部分量表所搜集的有效数据导入并进行描述统计分析，包括计算量表中 29 个观测变量的平均值、最大值、最小值、标准差、峰度以及偏度分析量表的离散和分布情况。首先，各个观测变量的极小值和极大值均分别为 1 和 5，平均值均在 3 左右，说明调查问卷的结果基本处在平均水平；其次，观测变量的标准差值均在 1 左右，表明搜集的样本数据集中趋势测度值的总体代表性强；此外，从偏度值可知，样本数据分布具有负偏离（左偏态），并且峰度值小于 0 的较多，总体数据分布与正态分布相比较为平坦。因此，可判断量表数据呈非正态分布。结合结构方程模型中 PLS 计算的数据可以是非正态数据这一特点可知，本研究在结构方程分析部分中选择 PLS 作为分析工具是可取的[91]。

4.2.5.3　被调查者其他因素分析

以科研人员为划分依据，在影响高校科研数据的开放因素中，除个人因素外，资源因素、组织因素、制度因素和技术因素被统称为外部因素，也可称为其他因素。

在已有的研究中，学者从主客观视角将个人因素划分为主观性因素，制度因素划分为客观性因素，而技术因素则是连接个人因素和制度因素的桥梁[92]。因此，在研究高校科研数据开放时，制度因素和技术因素是必不可少的影响因素。大约79.07%的被调查者认为科研资助机构政策对高校科研数据开放的影响最大，其次是高校政策和期刊政策的影响，企业资助政策的影响最小。技术因素在科研数据开放中不可缺少，影响科研数据开放的前三大技术因素分别是数据开放平台、数据管理机制和元数据标准。在高校科研数据开放中，资源因素是基本因素，81.06%的被调查者认为在众多资源因素中，数据质量是影响高校科研数据开放的首要因素，其次是数据安全、数据价值、数据来源以及数据所有权，分别占 79.07%、73.09%、63.46%、53.82%。数据质量包括数据的准确性和完整性，因此高校科研数据开放必须保证数据质量，不仅使开放者不必担忧其开放的科研数据被他人指出有误，而且保证其他科研人员使用数据的正确度，保障双方利益；同时，数据安全是目前科研数据开放较为关注的，只有保证了数据安全，科研人员才会更加积极地开放其科研数据。科研人员所处的团队鼓励开放行为是影响高校科研人员开放科研数据最重要的因素，同时规避风险文化或开放文化在开放过程中发挥着不可忽略的作用。除此之外，约50%的被调查者认为团队的战略目标和规章制度也有助于推动高校科研数据的开放。

4.3　高校科研数据开放意愿的问卷信效度检验

为确保问卷的可靠性和有效性，并且为结构方程模型进行验证性因子分析提供基础，需要对回收的问卷数据进行信度和效度分析。本研究主要借助数据分析工具 SPSS 18.0 软件对调查问卷的量表数据进行信度和效度检验。

4.3.1　信度检验

信度检验是研究调查问卷是否满足稳定性和可靠性特征的一种有效分析方法，通常是指对相同的对象进行多次重复检测后获得结果的一致性程度。信度检验的方法包括 4 种：重测信度法、复本信度法、折半信度法和克朗巴哈系数法。由于本研究主要是分析问卷中量表题的信度，而克朗巴哈系数法常用来评价量表各题得分之间的一致性，也称为内在一致性系数，并且很适合对意见、态度这类型问卷的信度检验。其计算公式为

$$\alpha = \frac{k\bar{r}}{1+(k-1)\bar{r}} \tag{4.1}$$

式中，k 为调查问卷总题项的总数；$\bar{r}$ 为各个项目相关系数的均值。因此，

本研究使用 Cronbach's Alpha 值进行信度检验。L. J. Cronbach[93] 在其研究中规定了 Cronbach's Alpha 值的标准，当 $\alpha>0.90$ 时，量表具有极高的信度；当 $0.70<\alpha<0.90$ 时，量表具有高信度；当 $0.50<\alpha<0.70$ 时，量表的信度较高；当 $0.40<\alpha<0.50$ 时，量表的信度适中；当 $0.35<\alpha<0.40$ 时，量表的信度较低；当 $\alpha<0.30$ 时，量表的信度不可信。

采用 SPSS 18.0 分析软件对问卷中高校科研数据开放意愿调查的量表进行信度分析，得出的结果如表 4-10 和表 4-11 所示。问卷中量表的总体信度是 0.731，其值大于 0.70，可以看出问卷的量表具有高信度，并且 9 个变量的内在一致性系数均大于 0.50，测量量表中 9 个变量的内在一致性较高。

表 4-10　量表总信度的分析结果

α	基于标准化项的 α	项数
0.731	0.763	29

表 4-11　量表各变量的 Cronbach's Alpha 系数

潜在变量名称	观测变量数	题项编号	题项已删除的 α	各变量的 α
数据开放意愿	3	13-1	0.596	0.659
		13-2	0.584	
		13-3	0.577	
数据开放态度	2	14-1	0.586	0.666
		14-2	0.578	
感知风险	5	15-1	0.620	0.841
		15-2	0.624	
		15-3	0.626	
		15-4	0.622	
		15-5	0.628	

续表

潜在变量名称	观测变量数	题项编号	题项已删除的 α	各变量的 α
感知利益	4	16-1	0.579	0.654
		16-2	0.598	
		16-3	0.584	
		16-4	0.581	
感知努力	4	17-1	0.609	0.709
		17-2	0.606	
		17-3	0.616	
		17-4	0.605	
主观规范	3	18-1	0.586	0.538
		18-2	0.588	
		18-3	0.582	
数据素养	3	19-1	0.591	0.774
		19-2	0.581	
		19-3	0.595	
职业义务	2	20-1	0.582	0.550
		20-2	0.573	
感知需求	3	21-1	0.569	0.669
		21-2	0.575	
		21-3	0.563	

4.3.2　效度检验

效度是一种可以用来衡量量表，并且能够准确测出所需测量事物的程度，可评价问卷回收数据的准确性和真实性。效度检验主要包括内容效度检验、结构效度检验和准则效度检验 3 种类型，在研究中常使用的是前两种类型[94,95]。

4.3.2.1 探索性因子分析

本研究采用了已有研究中成熟的量表，并且自拟的小部分题项是在对理论的理解和相关文献阅读的基础上进行编写的，同时经过前期的预调查检测和修改，因此在一定程度上满足了内容效度。而结构效度的分析通常是利用探索性因子分析法，借助 SPSS 软件中的因子分析对问卷进行检验，并且在因子分析之前需要通过检验 KMO（Kaiser-Meyer-Olkin）值判断变量间的相关性是否很小，从而判断是否适合进行探索性因子分析。KMO 的取值范围在 0~1 之间，若 KMO 值大于 0.5，则表示适合进行因子分析；若 KMO 值小于 0.5，则表示不适合进行因子分析。同时通过 Bartlett 球形度方法检验相关系数矩阵是否为单位矩阵，从而判断是否适合进行因子分析。若 Bartlett 球形度方法检验的 P 值小于或者等于 0.001，则表示适合运用因子分析。

通过主成分分析法进行检验的结果可知，KMO 值为 0.874，表明适合进行因子分析，同时通过 Bartlett 球形度方法检验的 $P < 0.001$，相关系数矩阵为单位矩阵，表明各变量间具有相关性，适合进行因子分析。

利用 SPSS 18.0 对问卷的量表数据进行因子分析，首先在抽取中选择主成分分析法，并且固定要提取的因子个数为 9，最大收敛性迭代次数为 25；其次以最大方差法进行旋转，输出载荷图和旋转解；最后显示因子得分系数矩阵。旋转后的成分矩阵结果见表 4-12。

表 4-12　旋转后的成分矩阵结果

序号	观测变量		主成分载荷系数
1	13. 数据开放意愿	（1）我愿意无条件开放我的科研数据	0.624
2		（2）我愿意其他科研人员利用我的数据进行科学研究	0.616
3		（3）我愿意开放科研数据支持开放科学的研究，以改善科研质量	0.610

续表

序号	观测变量		主成分载荷系数
4	14. 数据开放态度	（1）我认为科研数据开放的过程是令人愉悦的	0.702
5		（2）开放科研数据对促进科研发展具有作用	0.587
6	15. 感知风险	（1）如果我开放科研数据，就可能会泄漏研究的核心内容	0.592
7		（2）如果我开放科研数据，那么有可能数据会被恶意使用或篡改	0.759
8		（3）如果我开放科研数据，就有可能失去出版机会	0.680
9		（4）如果开放科研数据，就会损害我的切身利益	0.781
10		（5）如果开放科研数据，我认为开放的总体风险是很高的	0.719
11	16. 感知利益	（1）我可以通过开放科研数据获得学术信誉，比如更多的引文	0.682
12		（2）如果开放科研数据，我就可以获得一定的金钱报酬、物质奖励等积极反馈	0.507
13		（3）如果开放科研数据，就可以保证研究结果的真实性	0.642
14		（4）如果开放科研数据，就可以更好地佐证自己的研究	0.678
15	17. 感知努力	（2）我需要付出巨大的努力来开放科研数据	0.759
16		（3）我发现科研数据的开放很难做到	0.645
17		（4）我需要投入大量的精力来开放科研数据	0.714

续表

序号	观测变量		主成分载荷系数
18	18. 主观规范	（1）我进行科研数据开放是受同事、领导或者同行朋友的建议或行为的影响	0.552
19		（2）我进行科研数据开放是受知名专家的建议或行为的影响	0.700
20		（3）我进行科研数据开放是受科研合作者的建议或行为的影响	0.714
21	19. 数据素养	（1）我能够辨别哪些科研数据可以进行开放	0.803
22		（2）我能够借助科研数据平台进行科研数据的开放	0.741
23		（3）我已具备科研数据开放的专业知识和理解能力等基本技能	0.752
24	20. 职业义务	（1）我认为作为一名科研人员有义务开放科研数据	0.514
25		（2）我认为作为一名科研人员需要对科研数据的开放负责任	0.637
26	21. 感知需求	（1）我认为科研数据的开放推动了开放科学的发展	0.703
27		（2）我认为科研数据的开放是科研人员进行科研数据共享和再利用的基础	0.682
28		（3）我认为科研数据的开放能帮助其他科研人员理解科研过程	0.710

注：本研究采用的提取方法为主成分分析法；旋转法采用具有 Kaiser 标准化的正交旋转法，旋转在第 11 次迭代后收敛。

采用主成分分析法对统计数据提取 9 个因子后，累积解释差达到 66.379%，表明研究结果与模型的结构比较符合，量表具有良好的效度。同时表 4-12 中每个观察变量的主成分载荷系数均大于 0.5，说明效度较好。综上所述，本研究问卷涉及的量表总体结构较合理，具有较好的收敛性。由此可见，回收的问卷数据可以为结构方程模型验证研究提供基础。

4.3.2.2　验证性因子分析

验证性因子分析主要是对已构建的高校科研数据开放意愿模型进行验证，本研究运用 SmartPLS 工具对高校科研数据开放意愿模型开展效度检验。由已有研究成果可知，目前常用来检测模型的方法包括平均方差提取值、共同度、组合信度、模型解释能力、拟合优度等，具体结果如表 4-13 所示。

表 4-13　高校科研数据开放的意愿模型评价

潜变量	平均方差提取值	组合信度	模型解释能力	共同度
数据开放意愿	0.566 999	0.796 547	0.453 947	0.566 999
数据开放态度	0.712 716	0.832 263	0.269 035	0.712 716
感知风险	0.610 724	0.886 416		0.610 724
感知利益	0.469 647	0.774 902		0.469 647
感知努力	0.507 094	0.795 969		0.507 094
主观规范	0.525 719	0.760 865		0.525 719
数据素养	0.703 813	0.876 752		0.703 813
职业义务	0.671 021	0.802 214		0.671 021
感知需求	0.596 292	0.815 689		0.596 291

① 平均方差提取值（average variance extracted，AVE）可用来检验模型中潜在变量间的收敛效度和信度，能够反映每个潜变量所解释的变异量中有多少来自该潜变量中的观测变量。若 AVE 值越高，则表示该潜变量的收敛效度和信度较高。

② 共同度（communality）可衡量科研人员科研数据开放影响因素模型中观测变量对潜变量的预测能力，与平均方差提取值相同，共同度值越高，潜变量的信度和收敛效度也越高。AVE 值的求取公式如下：

$$\text{AVE} = \frac{\sum_t \pi_{rt}^2}{\sum_t \pi_{rt}^2 + \sum_t (1 - \pi_{rt}^2)} \tag{4.2}$$

若因子负荷经过标准化，则该公式可以表示为

$$AVE = \frac{\sum_t \pi_{rt}^2}{t} \tag{4.3}$$

式中，t 表示潜变量指标的个数；π_{rt} 表示第 r 个潜变量第 t 指标的因子负荷[96]。

C. Fornell 和 D. F. Larcker[97] 指出，若 AVE 值大于 0.5，则表明潜变量解释了问卷中量表 50% 以上的方差，潜变量具有较好的收敛效度。由表 4-13 可知，在高校科研数据开放的意愿模型中，除感知利益 AVE 值略小于标准值 0.5 外，其余潜变量的 AVE 值均满足大于 0.5 的要求，说明本研究构建的模型收敛效度较好，与各自观测变量之间的解释能力也较高。

③ 组合信度（composite reliability，CR）与 Cronbach's Alpha 系数一样可检验观测变量的内部一致性[91]。若 CR 值越大，则潜变量内测量变量的相关性就越大。组合信度的计算公式如下：

$$CR = \frac{\left(\sum_t \pi_{rt}\right)^2}{\left(\sum_t \pi_{rt}\right)^2 + \sum_t (1 - \pi_{rt}^2)} \tag{4.4}$$

式中，t 表示潜变量指标的个数；π_{rt} 表示第 r 个潜变量第 t 指标的因子负荷[96]。

已有研究指出组合信度 CR 值应该大于 0.7。由表 4-13 可知，潜变量的组合信度值均大于 0.75，表示各潜变量至少能解释对应测量工具 75% 的变化，测量工具较可靠。

④ 模型解释能力（R^2）[96] 为潜变量与其相应的解释潜变量之间因子负荷和相关系数的乘积之和，表示解释潜变量对其潜变量的解释程度。若所有潜变量的 R^2 值都大于 0，则表明模型可接受。R^2 可由以下公式表示：

$$R^2 = \sum_r \widehat{\beta}_r \, cor(LX_{r'}, LX_r) \tag{4.5}$$

式中，$r' \neq r$；$\widehat{\beta}_r$ 是指潜变量 $LX_{r'}$ 与其解释潜变量 LX_r 之间的因子负荷；$cor(LX_{r'}, LX_r)$ 是指潜变量 $LX_{r'}$ 与其解释变量 LX_r 之间的相关系数。

由表 4-13 可知，本研究已构建的高校科研数据开放意愿模型的数据开放意愿和数据开放态度两个潜变量的 R^2 均大于 0.2，说明该模型的潜变量之间的解释能力较强。

⑤ PLS 所构建模型的拟合优度（goodness of fit，GoF）可通过 M. Tenenhaus等[98] 提出的公式定义计算。GoF 指标用于评估模型的全局拟合优度，计算公式如下：

$$GoF = \sqrt{\overline{communality} \times \overline{R^2}} \qquad (4.6)$$

GoF 的最小值为 0.1，最大值为 0.36，可以作为全局验证 PLS 模型的基准值[91]。根据表 4-13，由公式（4.6）可得

$$GoF = \sqrt{0.596 \times 0.276} = 0.406$$

本研究中 GoF 值为 0.406，大于基准值 0.36，表明该模型的拟合优度较好。

综上所述，问卷的信度和效度以及所构建模型的效度、拟合度基本达标，表明该模型是稳定并可靠的，能够进一步展开研究。

4.4　高校科研数据开放意愿的结构方程模型构建

本研究运用 SmartPLS 对高校科研数据开放的意愿模型进行分析，将问卷调查所获得的 492 份数据导入 SmartPLS 软件中，在菜单栏"Calculate"中选择"PLS Algorithm"运行计算路径系数，模型路径系数结果如图 4-2 所示。在"Calculate"中选择"Bootstrapping"，在"cases"中输入样本数量"492"，在"samples"中则输入"5 000"。模型显著性结果如图 4-3 所示，计算每个参数的 t 值，亦是模型的路径显著性，根据计算出的 t 值判断系数是否显著不为 0，由此验证所提出的假设。从统计意义的角度分析，根据 t 值检验临界值表可知，若在置信水平为 0.05 时，t 的绝对值小于等于 1.96，并且路径系数为 0，则两个变量之间不存在直接的显著性关系；若在置信水平为 0.005 时，t 的绝对值大于 1.96，则两个变量之间存在显著性关系[91]。

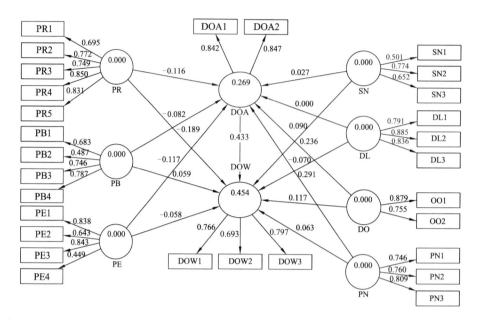

图 4-2　模型路径系数

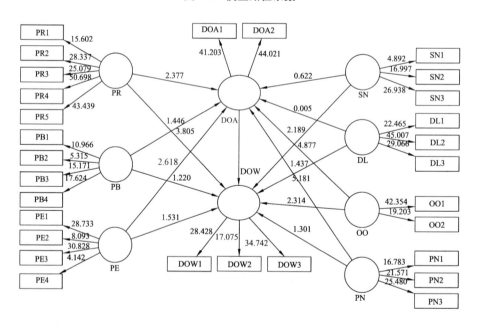

图 4-3　模型显著性结果

在路径显著性检验结果中，感知利益对数据开放态度、数据开放意愿，感知努力对数据开放意愿，数据素养对数据开放态度、数据开放意愿以及主观规范对数据开放态度的 t 值小于 1.96，而数据素养与数据开放态度的路径系数为 0，说明数据素养与数据开放态度两个变量之间不存在直接的显著性关系，而感知利益、主观规范与数据开放态度以及感知利益、感知努力、数据素养与数据开放意愿之间由于路径系数不为 0，表明两变量之间是存在相关性的，只是其综合影响力较小，因此不保留这些变量。

除此之外，高校科研数据开放意愿模型中，两变量之间的 t 值都较大，均大于 0.005 置信水平下 t 的临界值 1.96，因此可通过 t 检验，路径系数不为 0，充分表明模型中的观测变量可以较好地反映潜变量，并且对应的路径也具有显著性。本研究将分析结果中达到显著性的路径用实线表示，未到达显著性的路径用虚线表示，具体表示如图 4-4 所示。

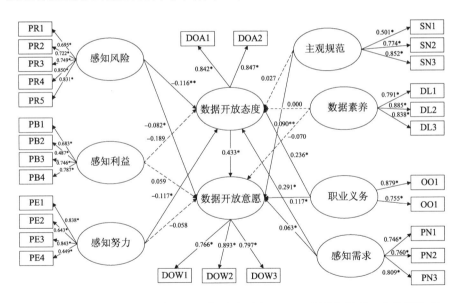

注：** 表示在 $P<0.05$ 水平上显著，* 表示在 $P<0.1$ 水平上显著，实线箭头表示显著路径，虚线箭头表示不显著路径。

图 4-4　高校科研数据开放意愿结构方程模型分析结果

4.5 ┃ 假设检验及初步结果

判断研究中所提的假设是否成立主要是依据变量间路径系数的显著性水平。当模型中路径显著时，认为假设成立，反之则假设不成立。根据结构方程的分析处理结果以及图 4-4 所示的模型分析结果，假设验证的结果阐述如下：

① H1：若科研人员的数据开放态度越积极，则数据开放意愿越强烈。计划行为理论和技术接受模型中都指出，态度是模型中最关键且最核心的因素。由图 4-4 中结构方程模型的路径系数和显著性可知，科研人员的数据开放态度对数据开放意愿的影响路径系数为 0.433，显著性 $P<0.1$。因此，该假设成立，即高校科研人员的数据开放态度正向影响其数据开放意愿。

② H2：若感知风险越高，则科研人员的数据开放态度越消极。由图 4-4 中结构方程模型的路径系数和显著性可知，感知风险对科研人员数据开放态度的影响路径系数为 -0.116，显著性 $P<0.05$。因此，该假设成立，即感知风险负向影响高校科研人员的数据开放态度。

③ H3：若感知风险越高，则科研人员的数据开放意愿越消极。由图 4-4 中结构方程模型的路径系数和显著性可知，感知风险对科研人员的数据开放意愿的影响路径系数为 -0.082，显著性 $P<0.1$。因此，该假设成立，即感知风险负向影响高校科研人员的数据开放意愿。

④ H4：若感知利益越高，则科研人员的数据开放态度越积极。由图 4-4 中结构方程模型的路径系数和显著性可知，感知利益对科研人员的数据开放态度的影响路径系数为 -0.189，未通过显著性检验。因此，该假设不成立，即感知利益对科研人员的数据开放态度在统计意义上不存在显著性关系。

⑤ H5：若感知利益越高，科研人员的数据开放意愿越积极。由图 4-4 中结构方程模型的路径系数和显著性可知，感知利益对科研人员的数据开放意愿的影响路径系数为 0.059，未通过显著性检验。因此，该假设不成

立，即感知利益对科研人员的数据开放意愿在统计意义上不存在显著性关系。

⑥ H6：若感知努力消耗越高，则科研人员的数据开放态度越消极。由图 4-4 中结构方程模型的路径系数和显著性可知，感知努力对科研人员的数据开放态度的影响路径系数为 -0.117，显著性 $P<0.1$。因此，该假设成立，即感知努力负向影响科研人员的数据开放态度。

⑦ H7：若感知努力消耗越高，则科研人员的数据开放意愿越弱。由图 4-4 中结构方程模型的路径系数和显著性可知，感知努力对科研人员的数据开放意愿的影响路径系数为 -0.058，未通过显著性检验。因此，该假设不成立，即感知努力对科研人员的数据开放意愿在统计意义上不存在显著性关系。

⑧ H8：若主观规范越强，则科研人员的数据开放态度越积极。由图 4-4 中结构方程模型的路径系数和显著性可知，主观规范对科研人员的数据开放态度的影响路径系数为 0.027，未通过显著性检验。因此，该假设不成立，即主观规范对科研人员的数据开放态度在统计意义上不存在显著性关系。

⑨ H9：若主观规范越强，则科研人员的数据开放意愿越积极。由图 4-4 中结构方程模型的路径系数和显著性可知，主观规范对科研人员的数据开放意愿的影响路径系数为 0.090，显著性 $P<0.05$。因此，该假设成立，即主观规范正向影响高校科研人员的数据开放意愿。

⑩ H10：若数据素养越好，则科研人员的数据开放态度越积极。由图 4-4 中结构方程模型的路径系数和显著性可知，数据素养对科研人员的数据开放态度的影响路径系数为 0.000，未通过显著性检验。因此，该假设不成立，即数据素养对科研人员的数据开放态度在统计意义上不存在显著性关系。

⑪ H11：若数据素养越好，则科研人员的数据开放意愿越强烈。由图 4-4 中结构方程模型的路径系数和显著性可知，数据素养对科研人员的数据开放意愿的路径系数为 -0.070，未通过显著性检验。因此，该假设不成立，

即数据素养对科研人员的数据开放意愿在统计意义上不存在显著性关系。

⑫ H12：若职业义务越强烈，则科研人员的数据开放态度越积极。由图4-4中结构方程模型的路径系数和显著性可知，职业义务对科研人员的数据开放态度的路径系数为0.236，显著性 $P<0.1$。因此，该假设成立，即职业义务正向影响高校科研人员的数据开放态度。

⑬ H13：若职业义务越强烈，则科研人员的数据开放意愿越强烈。由图4-4中结构方程模型的路径系数和显著性可知，职业义务对科研人员的数据开放意愿的路径系数为0.117，显著性 $P<0.1$。因此，该假设成立，即职业义务正向影响高校科研人员的数据开放意愿。

⑭ H14：若感知需求越大，则科研人员的数据开放态度越积极。由图4-4中结构方程模型的路径系数和显著性可知，感知需求对科研人员的数据开放态度的路径系数为0.291，显著性 $P<0.1$。因此，该假设成立，即感知需求正向影响高校科研人员的数据开放态度。

⑮ H15：若感知需求越大，则科研人员的数据开放意愿越强烈。由图4-4中结构方程模型的路径系数和显著性可知，感知需求对科研人员的数据开放意愿的路径系数为0.063，显著性 $P<0.1$。因此，该假设成立，即感知需求正向影响高校科研人员的数据开放意愿。

综上所述，本研究提出的大部分假设经过检验分析是成立的，并且对不成立的假设展开具体分析。感知利益对高校科研人员的数据开放态度和数据开放意愿的影响均不显著。根据已有的研究分析了解到感知利益在高校科研数据开放中不发挥显著作用的原因有两个：首先，高校科研人员并不知道科研数据开放会让他们受益；其次，他们认为即使开放其数据会获得利益，但是如果被引率和学术影响力的提高等实现周期太长，那么也不值得将科研数据开放。

感知努力负向影响科研人员的数据开放态度，对数据开放意愿的影响不显著。本研究将数据开放态度这一变量从图4-4所示的模型中去掉，再次对数据进行路径显著性检验，分析感知努力对数据开放意愿的直接显著性影响，结果显示感知努力对数据开放意愿的路径系数为 -0.095，显著性

$P<0.05$，它们之间存在直接显著性影响，表明感知努力对数据开放意愿的影响效果完全被数据开放态度调解，感知努力直接决定了高校科研人员对科研数据开放的态度，并通过态度对科研数据共享意愿产生间接的影响[69]。

主观规范正向影响科研人员的数据开放意愿，对其数据开放态度的影响不显著。在访谈中，被访谈者指出他们的科研团队、导师以及领导对其科研数据开放的影响最大。如果团队、导师和领导规定科研数据只能作为内部使用，那么科研人员则不可以开放其数据。由此可见，主观规范可直接影响数据开放意愿，不需要借助数据开放态度间接影响数据开放意愿是符合实际情况的。

数据素养对科研人员的数据开放态度和开放意愿的影响均不显著。一方面，高校科研人员的科研领域不同，在科研过程中的数据获取、组织、处理等阶段对他们能力的要求不同，导致他们的数据素养水平参差不齐；另一方面，高校科研人员未意识到数据素养是他们在科研数据管理中必不可少的一项基本能力。此外，由于目前各高校对科研人员数据素养的重视程度不一致，对数据素养的实践开展环节较为薄弱，少部分科研人员尤其是初入科研领域的工作者对数据的理解和重视程度不够，因而影响了本研究的结果。

4.6 ┃ 本章小结

本章主要根据高校科研数据开放的影响因素分析、半结构化访谈结果以及对个人因素的阐述，构建高校科研数据开放的意愿模型并提出假设，同时根据文献调研、网络调查以及访谈分析设计问卷内容，以高校科研人员的个人因素为主完成量表设计，制度因素、资源因素、组织因素和技术因素则作为辅助因素进行调查，对问卷进行预调研、发放和搜集，并对回收的有效数据进行信度分析、探索性因子分析和验证性因子分析，最后运用 SmartPLS 对高校科研数据开放意愿的模型进行分析，验证假设成立与否，并对不成立的假设进一步展开分析。结果显示，感知风险负向影响科研数据开放的态度和意愿，感知努力负向影响科研数据开放的态度，主观规范正向影响科研数据开放的意愿，职业义务和感知需求均正向影响科研数据开放的态度和意愿。

高校科研数据开放机理模型构建研究

高校科研数据的开放过程是一个由多种影响因素及因素之间相互作用构成的复杂有机系统。科研数据贯穿于科学研究及科研数据生命周期的全过程，同时涉及科研数据的生产者、使用者和管理者等多个利益相关者。以科研数据生命周期为划分依据，构成高校科研数据开放过程的要素可划分为主体要素和非主体要素，主体要素是科研数据的生产者、使用者和管理者，包括科研人员、科研团队和科研机构，非主体要素则包括客体要素、平台要素和环境要素。高校科研数据的开放是在主体因素以及客体、平台和环境等非主体因素的共同作用下，实现科研数据在不同利益相关者之间的开放。本章首先在数据开放内涵理解的基础上对高校科研数据开放的内涵进行分析，其次以系统的角度探讨构成高校科研数据开放的主体要素和非主体要素，并研究主体要素与非主体要素、非主体要素间的作用关系以及高校科研数据开放的动因，最后结合卓越阶段理论，从数据生命周期、开放程度两个角度剖析高校科研数据的开放过程，进一步解释高校科研数据开放的内在机理，为推动高校科研数据的开放和开放科学的发展奠定基础。

5.1 | 高校科研数据开放的内涵和特征

随着信息技术的进步、学术交流环境的变化以及开放科学的发展，高校科研人员的需求越来越多，传统的学术氛围已不能满足他们的需求，需要科研人员以"自由、开放、合作、共享"的开放科学理念推动科学研究的发展，通过科研数据的开放打破学术壁垒，实现科研数据的自由获取和价值增值。

5.1.1　高校科研数据开放的内涵

数据开放作为数据管理活动中的关键环节和重要组成部分，只有通过相关主体以一定的工具和方式开放给他人，才能实现数据自身的价值。同样地，科研数据开放作为科研数据管理服务中不可缺少的环节，只有通过科研人员、科研团队或者组织机构等相关利益主体借助一定的方式和工具开放给其他科研人员，才能进一步推动科研数据共享以及再利用，并且实现科研数据的自身潜在价值。

在对相关文献调研以及数据开放含义进行分析的基础上，本研究进一步解析高校科研数据开放的内涵。高校科研数据开放是指高校中科研人员、科研团队以及科研机构等不同的科研数据开放主体通过高校建立的科研数据开放平台或者科研数据管理平台、机构知识库以及研究记录主动与其他科研人员或团队交流科研过程中产生的科研数据，以便他们参考和讨论，推动科研数据共享和再利用。高校科研数据开放并不是简单的数据传播、数据公开，而是在科研数据开放过程中彰显科研数据的共享和再利用价值。

5.1.2　高校科研数据开放的特征

高校科研数据开放是一个由多种要素构成并且各要素之间相互联系、相互作用的复杂系统。高校科研数据开放具备一般系统的系统性和整体性，同时，由于高校科研数据的自身特性，它又具有科研数据开放主体多元化、科研数据开放空间网络化、科研数据开放过程系统化以及科研数据开放增值性的特点。

（1）科研数据开放主体多元化

高校科研数据的产生主要以科研人员为主。由利益相关者理论可知，科研数据管理过程中涉及多种类型的利益主体，与科研数据开放相关的利益主体包括产生科研数据的科研人员和科研团队、支持科研开展的科研基金资助机构和企业资助机构，以及能够存储和保存科研数据、开放或者公开科研数据的数据中心、高校图书馆及学术出版机构等科研数据开放平台。科研数据的开放是科研数据管理过程中不可缺少的环节，科研数据开放的主体不仅是科研人员，同时还有科研人员所在的科研团队以及科研机构，这些不同的高校科研数据开放主体根据需要通过科研数据管理平台开放、共享与交流各种科研数据。高校科研数据开放主体的多元化可以有效打破传统的学术成果传播壁垒，弥补高校科研数据开放的滞后性和局限性，并充分发挥各主体的优势以推动高校科研数据的再利用，挖掘高校科研数据的更多价值，有利于促进学术的发展，激发新思维、新想法、新观点的产生。

（2）科研数据开放空间网络化

传统的科研数据交流主要依靠实体环境中相关人员的参与，或者是相关团队和机构进行交流。随着互联网的开放性和强交互性的发展，以及开放科学理念的指引，科研数据开放活动借助互联网提供网络平台这一虚拟环境实施在线科研数据开放、共享等一系列互动行为，同时也有在实体环境中的开放实施。科研数据开放空间逐渐由实体环境转变为实体环境和虚拟环境相结合，是顺应当前信息技术发展、学术环境变化以及科研发展需求的产物。科研数据开放平台在技术上拓宽了开放空间，跨越了时空的限制，打破了科研人员之间的壁垒，并为科研人员获取更多高质量的科研数据提供了一个高效率的渠道，从而节约了他们的科研时间与成本。

（3）科研数据开放过程系统化

由科研数据开放的主体和非主体等要素构成的高校科研数据开放过程可被视为一个复杂的系统，并且系统中各个要素相互联系、相互制约，共同影响着整个高校科研数据开放活动的实施和效率。科研数据开放过程中除了受到构成要素之间相互作用的影响外，还会受到其他因素的影响，例如，科研环境、组织氛围等均会在不同程度上影响高校科研数据开放的整体水平。高校科研数据开放活动作为有机整体，开放要素和开放过程将会因外部环境的变化、科研发展需求的多样性等不断改变和调整，体现出开放系统的动态性。同时，高校科研数据开放活动是不同相关主体之间交流和互动的过程，始终伴随着科研数据的产生、开放、共享、利用等一系列科研数据管理活动，科研数据开放系统的每一个阶段是否高效和顺畅都将影响高校科研数据共享和再利用的发展。

（4）科研数据开放增值性

由开放科学的"自由、开放、合作、共享"理念可知，高校科研数据开放活动的实施是为了促进科研活动的合作以及最终的共享，科学数据共享具有重大的科学价值、经济价值和社会价值[99]，可见高校科研数据开放具有重要价值。实现高校科研数据开放，不仅能使高校科研数据在开放阶段和共享阶段实现增值，还能提高科研创新能力。要实现高校科研数据开放的增值性，需要确保科研数据在不同主体之间流动和转化[100]。高校科研数据开放最重要的目标是推动高校科研数据的共享和再利用，调动科研人员对科研的热情，汇集他们的各种新想法，提高科研创新水平和科研效率，从而推动高校实现科研数据价值增值的最大化。

5.2 高校科研数据开放的构成要素

高校科研数据开放是不同的参与主体在内外部特定环境的影响下，借助高校科研数据开放平台对高校产生的科研数据进行开放，最终实现科研数据的共享和再利用。高校科研人员、科研团队和科研机构是科研数据的主要生产者和使用者，在推动科研数据开放的各方利益主体中处于关键核心地位。以科研数据生命周期为划分依据，高校科研数据开放活动作为一个有机整体，主要由高校科研数据开放主体、高校科研数据开放非主体组成。其中，高校科研数据开放非主体主要包括高校科研数据开放客体、高校科研数据开放平台以及高校科研数据开放环境。在高校科研数据开放过程中，只有科研数据开放主体要素和非主体要素同时对高校科研数据开放产生影响并且相互作用，才能有效实现高校科研数据的开放。

5.2.1 高校科研数据开放的主体要素

高校科研数据开放的主体作为科研数据开放活动的行为主体，可以涵盖科研数据开放活动的科研人员、科研团队和科研机构。科研数据是依赖于科研数据开放主体的客观事物，高校科研数据开放的实现必须依赖于科研数据开放主体。科研数据开放活动是科研数据在不同科研数据开放主体之间的互动和交流过程。高校科研数据开放主体既扮演提供科研数据的角色，又是科研数据的使用者。

对于高校科研数据而言，科研数据开放的主体即高校科研人员、科研人员所处的科研团队和科研机构。科研人员、科研团队和科研机构是贯穿于数据全生命周期的重要主体，通过产生、交流科研数据实现数据开放，并使用科研数据。结构方程模型结果指出，科研人员的数据态度、感知风险、感知努力、感知需求、职业义务以及主观规范正向或负向地影响并推动着高校科研数据的开放。总体来说，高校科研人员既是科研数据产生的核心力量，又是高校科研数据开放活动最重要的资本和支撑。

5.2.2　高校科研数据开放的非主体要素

5.2.2.1　高校科研数据开放的客体要素

高校科研数据是客观存在的事物，是科研数据开放过程中的客体，也是科研数据开放活动的基础，离开科研数据就无法开展科研数据开放活动，并且科研数据管理服务也会失去自身的价值和发展的意义。科研数据是开放主体连接其他非主体要素的桥梁和纽带。由问卷调查结果可知，科研数据是影响科研数据开放的资源因素，科研数据的质量、科研数据的安全、科研数据的价值、科研数据的来源以及科研数据的所有权是影响高校科研数据开放的前五位资源因素，与科研数据的标准、科研数据的格式、科研数据的类型、科研数据的描述等直接影响着整个高校科研数据开放系统的发展。根据科研数据的所处层次（所有权），科研数据可划分为个人科研数据和团队科研数据。在本研究中，个人科研数据是指高校科研人员自身产生并且拥有的可自由支配和利用的科研数据，团队科研数据是指由团队或科研机构中所有科研人员产生的科研数据集合。按照科研数据的呈现方式，科研数据可分为显性数据和潜在数据。显性数据是可直接使用的数据，潜在数据是需要通过外部技术或方法挖掘、深度处理的数据。

5.2.2.2　高校科研数据开放的平台要素

高校科研数据的开放需要依赖一定的技术和方法，科研数据开放平台是影响高校科研数据开放的技术因素之一，也是科研数据开放活动实现的保障之一，并且作为科研数据开放活动的客观环境，为开放主体参与高校科研数据的开放提供了一个良好的虚拟空间，使得不同主体能够借助科研数据平台跨时空及时交流，为科研数据之间的交流和开放创造了良好的环境。高校科研数据开放平台是由网络技术和信息技术共同支撑，并且通过各种机制保障运行的平台，科研数据开放平台的可用性和安全性影响着科研数据开放的实施。科研数据开放平台主要包括数据中心、图书馆、机构知识库以及科研数据开放或管理平台。

高校科研数据开放平台为产生和使用科研数据的科研人员、科研团队以及科研机构主体提供了一个可自由参与的、可开放的虚拟平台。高校科研数据开放平台这一虚拟空间通过其特有的功能有效地将各利益主体融合，推动他们之间的交流和科研数据的开放。高校科研数据开放平台作为保存和存储科研数据以及管理的平台，平台开放的科研数据必须依据一定的主体、标准等进行分类上传，比如不同学科的科研人员开放科研数据须以不同的分类标准对科研数据进行归类上传。同时高校科研数据开放平台也是科研人员进行交流的平台，各方主体通过该平台开放其科研数据，并且与其他主体开放的科研数据进行讨论，交流自己的想法和提出建议，从而在此基础上对科学研究过程进行改进和完善，以推动科学研究的进展。

5.2.2.3　高校科研数据开放的环境要素

高校科研数据开放活动是基于一定环境实施的，科研数据在特定环境下会产生特定的价值，环境的各种变动都会影响科研数据开放的主体行为，同时也会影响科研数据开放的效果，并且科研数据开放的过程与成效也会反作用于科研数据开放的环境。良好的开放环境能够推动科研数据开放的顺利实施；相反，恶劣的开放环境则会阻碍科研数据开放的实施。因此，科研数据开放的实施与科研数据开放的环境之间相互作用、相互影响。

由系统论可知，高校科研数据开放的实施受内部环境和外部环境的共同作用，科研数据开放的环境为高校科研数据开放的实施提供了基础，是保障和推动科研数据开放实施不可缺少的因素之一。扎根理论的研究指出，高校科研数据开放的实施受到与国家或高校等相关法规政策、技术水平、组织文化或组织氛围，以及人际关系和当前的学术大环境等方面的影响，这些影响因素可与制度因素、技术因素、组织因素、个人因素相对应。扎根理论的研究以及问卷等调研并未将学术大环境完全体现出来，本研究就是在此环境下开展的，因此影响科研数据开放的环境因素也包括学术大环境所涉及的社会因素。

① 从社会环境角度看，高校科研数据开放的实施主要受到学术环境的影响。在自由软件和开源软件运动、开放存取运动以及开放数据运动相继开展的浪潮下，迎来了科学的新时代，学术领域倡导"自由、开放、合作、共享"理念，并且科研人员对科研数据开放有强烈的需求，由此推动了高校科研数据开放活动的实施。

② 从个人因素角度看，高校科研数据开放的主体对科研数据开放的实施所耗费的时间、精力以及引起的不良效果有一定的感知。若高校科研人员感觉实施开放活动所需的时间和精力较多，或者认为实施开放活动后给自己带来的不利影响过多，则不利于高校科研人员主动开放科研数据，反之则推动科研数据的开放。科研人员的感知需求、职业义务以及主观规范推动了他们积极参与科研数据开放的实施过程。

③ 从组织环境角度看，为推动高校科研数据开放的实施，高校科研组织逐渐形成组织内各成员认可并支持的部门架构、组织价值观念以及行为方式。组织环境影响着高校科研人员科研数据开放的主动性，是高校科研数据开放实施的重要影响因素之一，与科研数据的有效开放密切相关。

④ 从制度环境角度看，政策是推动高校科研数据开放的手段之一，开放科学的发展需要法律政策的支撑和推动。例如，2007 年，30 位数据开放倡导者聚集在美国加利福尼亚州，首次提出了"政府数据开放的八项基本原则"，而我国相继颁发了《促进大数据发展行动纲要》《科学数据管理办法》《中国科学院科学数据管理与开放共享办法（试行）》，在推动科研数

据管理服务的同时，保障了科研数据的开放，并且基金资助机构和期刊也相应提出推动科研数据开放的政策，如规定受资助的科研人员、科研团队或科研机构须提交一份数据管理计划，投稿时须附上原始数据、原始代码等。

⑤ 从技术环境角度看，高校科研数据开放的实施须以相应的开放管理技术作为辅助。科研数据的处理和存储需要以元数据标准和本体论为基础，科研数据的管理和开放依赖于开放技术、数据管理机制以及数据管理平台。这些技术共同为高校科研数据开放的顺利实施提供了保障。

总体来说，高校科研数据的开放是基于学术发展这一大环境开展和实施的，不仅受到高校科研人员自身的影响，而且受到科研人员所处的组织环境、校内校外相关法律制度与政策以及科研数据开放技术的影响。高校科研数据的开放需要在内外部环境的共同作用下实现。

5.3　高校科研数据开放构成要素之间的关系

基于系统论，高校科研数据开放的构成要素包括科研数据开放主体和科研数据开放非主体要素，它们主要以高校科研数据为基础形成密切联系的有机整体。科研数据开放系统中科研数据开放主体扮演着重要角色，发挥其主观能动性，将其他要素联系起来，并且这些构成要素是通过科研数据开放主体相互作用和影响的。同时，非主体要素中科研数据开放平台是科研数据开放主体参与科研数据开放活动必不可少的桥梁，与其他非主体要素紧密相连。

5.3.1　以科研数据开放主体为中心的主体要素间的作用关系

高校科研数据开放系统中的各组成要素主要通过科研数据开放主体产生联系和作用。高校科研数据在开放过程中通过科研数据的传递和流通使得不同的科研数据开放主体联系在一起，科研数据开放主体具有主观能动性，并与科研数据开放非主体之间相互影响和相互作用，如图5-1所示。

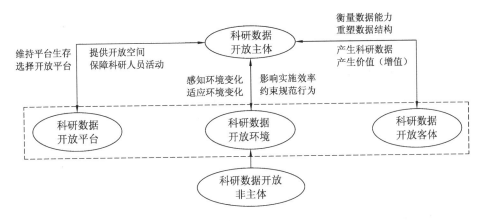

图 5-1　以科研数据开放主体为中心的要素间的作用关系

（1）科研数据开放主体与科研数据开放客体之间的作用关系

高校科研数据开放就是在科研数据开放主体作用下的科研数据开放过程。科研数据是实施科研数据开放的基础，是科研数据开放主体的实施对象，是高校科研人员基于学术发展和科研人员的需求产生的。科研数据开放主体一方面通过搜集、分析多个步骤将已有的数据进行归纳和提炼，通过选择合适的平台开放给其他科研人员或科研团队，另一方面通过实验、实证等挖掘潜在的科研数据。科研数据只有在不同的开放主体之间传递和流通，才能推动科研数据的共享和再利用；同时，科研数据是有价值的，只有通过开放主体对科研数据进行加工、利用等，才能实现相应的价值，并且产生增值。科研数据作为科研数据开放主体参与科研数据管理活动的基本资源，科研数据的质量是衡量科研数据开放主体数据能力的主要指标。科研数据在不同的主体之间流转，改变了科研数据开放的运动状态，从而使得科研数据开放主体的科研数据结构进行重塑，影响科研数据开放主体之间的关系，成为连接各开放主体的桥梁。

（2）科研数据开放主体与科研数据开放平台之间的作用关系

科研数据开放主体有权选择和参与科研数据开放平台，并且科研用户的数量和参与度是维系科研数据开放平台生存和发展的基础。如果没有科研数据开放主体的参与，那么平台毫无存在意义，尤其是对高校而言，高校科研数据开放平台是由科研人员、科研团队等主体共同支持运行的，并且为开放主体服务。首先，使用科研数据开放平台的开放主体数量是衡量科研数据开放平台价值的指标之一；其次，开放主体的活跃程度也是衡量开放平台以及影响平台有效运行的重要指标。科研数据开放平台是科研数据开放主体参与科研数据开放活动的技术平台，为不同科研数据主体之间的开放、交流提供了一个安全、自由且开放的虚拟互动空间，可以保障科研数据开放主体进行跨时空交流和开放，同时提高科研数据开放主体参与高校科研数据开放的积极性。

（3）科研数据开放主体与科研数据开放环境之间的作用关系

高校科研数据开放系统中，科研数据开放主体与科研数据开放环境相互作用。科研数据开放主体可以根据对内部环境和外部环境的感知，调整自身的科研数据开放行为以适应复杂化、多变化的开放环境，只有内外部环境相互作用，才能推动科研数据开放的顺利实施。由于科研人员具备主观能动性，不仅能感知内外部环境的变化，而且能够在感知的指导下改造科研数据的开放环境。一方面，科研数据开放主体的需求是制定相应法律制度的重要依据；另一方面，科研数据开放主体通过科研数据的开放和交流共同营造出良好的科研数据开放氛围。同样地，科研数据开放环境影响或约束着科研数据开放主体的实施行为，国家的法律政策、高校、基金资助机构以及期刊的规范、科研数据开放平台的管理等不仅引导科研数据开放主体的实施行为，而且不断约束和规范科研数据开放主体的行为，学术发展、组织内部的开放文化和氛围等均会影响科研人员的开放行为。

5.3.2 以科研数据开放平台为中心的非主体要素间的作用关系

高校作为科研数据开放主体参与科研数据开放的场所之一，为开放主体提供了参与开放的平台。高校科研数据开放平台汇集了经过简单加工处理的显性数据和深度挖掘的潜在数据，这些科研数据的数量和质量以及科研数据开放主体的参与程度均体现了高校科研数据开放平台竞争力的强弱。科研数据是在高校科研人员适应学术环境、推动学术发展的过程中产生的，同时又反过来影响着高校科研人员的科研过程和平台的发展（见图5-2）。

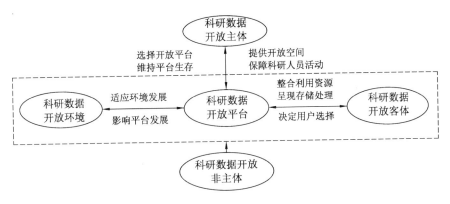

图 5-2　以科研数据开放平台为中心的非主体要素间的作用关系

（1）科研数据开放平台与科研数据开放客体之间的作用关系

高校建设科研数据开放平台的目的是满足高校科研人员将其科研数据开放给他人以及获取他人科研数据的需求，将科研数据进行集成和整合，推动高校科研数据开放的实施。因此，科研数据开放平台中承载着不同类型、不同格式以及不同学科的科研数据，是科研人员实施开放活动的重要来源，并且科研数据通过科研数据开放平台呈现、存储和开放。科研数据是高校科研人员开放的最基础且重要的资源，决定着科研数据开放平台的竞争力以及对科研数据用户的吸引力。问卷调查中科研数据的质量和价值在高校科研数据开放过程中的影响占比较高，与高校科研数据开放活动的实施息息相关。科研数据开放平台根据科研数据开放活动的实施效果及时完善各项功能，保障科研数据开放的顺利实施。

（2）科研数据开放平台与科研数据开放环境之间的作用关系

高校科研数据开放平台是在信息技术发展以及学术发展需求的推动下产生的，支持高校科研人员实施科研数据开放活动，促进科研数据的共享和再利用。因此，科研数据开放平台的各项功能模块、运行和管理机制都要根据内外部环境的变化及时调整和完善。高校科研数据开放活动的实施为科研人员节约了时间、资金成本，并且减少了重复且不必要的科研过程，大大提高了科研人员的科研效率，推动了开放科学的发展。因此，国内外部分高校在相互借鉴的基础上，计划构建科研数据开放平台，同时科研数据开放平台的构建将营造良好的科研数据开放环境。

5.4 高校科研数据开放的动因分析

高校科研数据开放行为的产生和实施受到多方面动因的影响，不仅包括来自科研数据开放主体的内部需求动因，而且包括来自外部环境的推动，只有在内部动因和外部动因的共同作用下才能引起和维持科研数据开放主体的开放行为，从而保障高校科研数据开放活动的顺利实施。结合高校的特点以及影响高校科研数据开放的因素分析，高校科研数据开放的内部动因主要是指科研数据开放主体的感知需求、主观规范以及职业义务的激励作用，外部动因则包含开放科学发展需求的拉动作用、制度因素的推动作用、组织因素中组织文化和组织氛围的支持作用，以及技术因素的保障作用。高校科研数据开放的动力体系如图 5-3 所示。

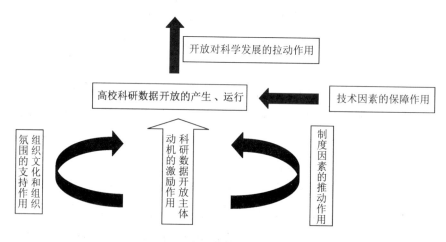

图 5-3　高校科研数据开放的动力体系

5.4.1　开放对科学发展的拉动作用

随着信息技术和科学研究的迅速发展，传统科学出现众多学术问题阻碍了学术的进一步发展。例如，科学研究过程的封闭性、研究成果获取困难，因此国外相继开展了一系列旨在克服这些传统科学弊端的开放运动，如自由软件和开源软件运动、开放存取运动以及开放数据运动等[101]，这些运动从本质上均体现了开放科学倡导的"自由、开放、合作、共享"理念。开放科学运动的开展导致科研人员面临的学术竞争环境发生了巨大变化，各国相关机构和科研人员纷纷响应这一理念。芬兰教育文化部发布了《2014—2017 年开放科学与研究路线图》，欧盟委员会发布了《开放科学的开放基础设施：Horizon 2020 咨询报告》等，并开展了"地平线 2020"计划，打破了传统学术氛围，推动了科学研究的发展。在开放科学的理念下，高校科研数据的开放是科研发展的趋势，因此开放科学的发展是高校科研数据开放的根本动因。

5.4.2　科研数据开放主体动机的激励作用

高校为科研数据开放主体提供了开放其科研数据的平台和场所，吸引了广泛的科研数据开放主体积极参与，使得各类科研数据在不同科研数据开放主体之间交流和传递，推动了高校科学研究的变革和发展。高校的科研数据开放主体呈现多元化，包括产生科研数据的科研人员、科研团队以及科研机构。

产生科研数据的科研人员和科研团队秉持开放的理念，一方面源于他们自身的感知需求，包括对数据驱动科研的需求、科研数据再利用的需求以及今后共同研究的需求[102]，期待通过将自己的科研数据开放给其他科研人员，获得对方的相关科研数据，从而完善自己的科学研究或者通过与同一领域的科研人员或科研团队进行交流提高自己的研究层次。另一方面他们积极参与高校科研数据的开放活动，受导师、同事或者领导的影响，以及基于自身对科研数据开放的责任和义务，以推动高校科学研究的发展。

科研机构是高校科研数据开放活动中不可缺少的开放主体，他们参与科研数据开放活动的动机除获取经济利益外，更重要的是科研需求以及自我价值实现的需求。科研机构通过主动向其他科研人员、科研团队开放科研数据或者交流和互动赢得更多科研数据开放主体的认可和赞同，以提高和巩固他们在科研数据开放活动中的地位。

5.4.3　制度因素的推动作用

在科学发展过程中，高校科研数据开放不仅仅是一种自愿的行为，更多的是一种责任的表现，国家政策法规、高校政策、科研资助机构政策、企业资助政策以及期刊政策的实施有助于推动高校科研数据开放的实施。由已有研究[103]可知，除了国家制定相关科研数据政策外，制定科研数据政策的主体还包括科研机构、数据中心、出版机构以及一些相关公司等。问卷调查结果指出，科研资助机构政策、期刊政策和高校政策是影响科研人员开放其科研数据较重要的因素。因此，科研基金资助机构、大学和出版机构是制定政策的重要组成部分。国家层面上的立法在科研数据开放实施中发挥着基础性作用，使得与科研数据开放相关的法律条文由模糊逐渐清晰[104]，如欧盟"地平线2020"计划在原有开放存取的对象基础上要求科研数据也逐步达到开放性可获取，同时启动"科学数据开放先导性计划"以促进科学数据获取和再利用[105]；我国国务院则印发了《促进大数据发展行动纲要》和《科研数据管理办法》。

科研基金资助机构是科研资助的主体，在科学研究发展过程中扮演着举足轻重的角色。为响应国家政策法规的要求，各国科研资助机构制定了相关政策以推动科研数据开放[6]。在国家和各科研资助机构制定的政策指导下，各高校根据自身科研数据管理的实际情况也陆续制定符合科研数据管理的政策，如牛津大学、爱丁堡大学等高校都提出数据管理计划以推动科研人员实施科研数据的开放。此外，国外部分期刊正在逐渐明确数据管理规范，要求论文作者在提交论文的同时附上论文中涉及的相关数据或原始代码，以便与其他科研人员进行开放与共享。总之，国家制定的政策以宏观的角度推动了高校科研数据的开放，科研资助机构政策、高校政策和期刊政策等则是从微观的角度规定了高校科研数据开放的具体实施。

5.4.4　组织文化和组织氛围的支持作用

大数据时代下，数据量日益剧增，科研人员对数据的需求量逐渐增加，学术交流环境发生变化，传统的规避风险文化和氛围不再适应当前的科研发展环境，积极倡导开放的组织文化和氛围对科研效率的提高、科研数据的再利用以及科研数据价值的挖掘具有重要作用，是支持高校科研数据开放不可缺少的动力之一。高校科研组织坚持以开放文化为核心，营造良好的开放氛围，通过物质奖励等提高科研人员科研数据开放的积极性，从而支持高校科研数据开放的发展和运行。

5.4.5　技术因素的保障作用

高校科研数据的开放不仅仅是将科研数据公开，更重要的是能够让高校科研数据重复使用、自由加工。这就需要相关技术为科研数据的开放提供保障，而过于陈旧的技术不仅不再适应当前的科学研究，而且无法满足科研数据管理、科研数据开放等活动的开展。因此，先进的技术是保障科研数据开放主体实施科研数据开放活动的动力之一。随着大数据时代的到来，云计算、物联网、互联网等新兴技术保障了高校科研数据开放活动的有效开展，使得关键技术得到发展和突破，推动了高校科研数据开放平台的建设以及各种功能的增加和全面完善。同时，高校科研数据开放平台在元数据标准、本体论以及数据管理机制方面进行了严格规范和完善，减轻了科研数据开放主体的工作负担，保障了科研数据开放主体在开放过程中的权益，从而调动了他们参与科研数据开放的积极性。

5.5　高校科研数据开放过程

高校科研数据开放的实施是一个阶段性过程，并不是一蹴而就的，因此本研究引入卓越阶段理论，并结合科研数据生命周期展开研究，目的在于明确高校科研数据在不同开放阶段以及开放程度中的驱动力和阻力，以便高校科研数据开放主体在开放过程中趋利避害，从而推动高校科研数据开放工作循序渐进地开展。

本研究根据数据生命周期进行阶段划分，正确认识和掌握科研数据生命周期的各个阶段是实现科研数据管理、科研数据开放以及科研数据共享和利用的前提和基础。在高校科研数据开放过程中，科研数据并不是一次性开放结束的，而是在科研数据生命周期的不同阶段逐渐开放，首先在搜集和获取阶段对原始的和未加工的科研数据进行开放，然后在分析、保存和管理阶段对已经加工和处理后的部分科研数据进行开放，最后借助科研数据开放平台实现科研数据的全面开放，并且随着数据生命周期以及开放程度不断递进和完善。因此，高校科研数据开放的过程可划分为初步开放阶段、部分开放阶段和完全开放阶段，如图 5-4 所示。

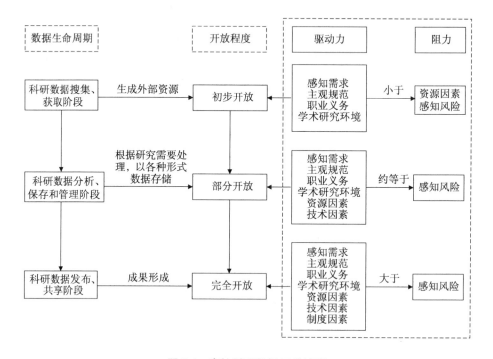

图 5-4　高校科研数据开放过程

（1）初步开放阶段

高校科研数据开放活动是由科研数据开放主体的需求推动产生的，在科研数据开放主体各种驱动力的共同作用下形成科研数据开放动机，从而激励科研数据开放行为，实现科研数据的开放。高校科研数据开放主体包括科研人员、科研团队和科研机构多种类型。他们的需求包括数据驱动科研的需求、科研数据再利用的需求以及共同研究的需求等感知需求，也包括主管规范和职业义务的需求，同时还有学术研究发展需求。科研数据开放主体在这些需求的综合激发下，进一步阐释科研数据开放行为。但是由于高校科研数据开放正处于科研数据搜集和获取的阶段，科研数据的格式、质量和安全等未进一步做处理，科研数据的完整性和准确性难以保证，并且在这个阶段部分通过实验、实证等方式搜集科研数据的高校科研数据人员、科研团队和科研机构会担忧将他们此阶段的科研数据开放给他人，可能会导致他们的研究新意被他人窃取，从而影响他们后期的研究，所以在数据生命周期这个阶段更多的科研人员、科研团队和科研机构选择不开放其科研数据。可见，感知风险和资源因素对高校科研人员或科研团队开放科研数据行为的阻碍远远大于各类需求的驱动，因此该阶段的驱动力是小于阻力的，只能选择对他们后期研究不产生影响的科研数据进行初步开放。

（2）部分开放阶段

高校科研数据开放活动主要依赖于科研人员、科研团队和科研机构等科研数据开放主体产生的科研数据，而由其他科研数据开放主体支持和存储。高校科研数据部分开放阶段中，科研数据开放主体的需求，以及科研人员、科研团队和科研机构的感知风险依旧存在，高校科研人员、科研团队和科研机构在搜集和获取科研数据后，在科研数据分析阶段根据自身的研究需要对科研数据进行相关处理，完善数据质量，保证数据安全，并以统一的数据格式、类型以及标准通过相关数据管理平台（数据中心、图书馆等）进行保存和处理。在这一阶段，因为科研数据开放的相关主体对科研数据进行了处理，所以资源因素由阻碍科研数据开放转变为推动科研数据开放的因素，并且由于在处理、分析以及保存过程中需要通过一定的技术才能实现，因而技术因素亦推动了科研数据的开放。总而言之，这个阶段推动和阻碍科研数据开放的因素的影响力度均衡，共同作用于科研数据的开放，远优于初步开放阶段。

（3）完全开放阶段

高校科研数据开放主体通过高校科研数据开放平台将完整的科研数据以一定的形式开放给他人。在科研数据发布和共享阶段，科研数据不仅经过加工处理，而且是以论文等成果形式展示的。在与初步开放阶段和部分开放阶段驱动力相同的情况下，由于国家、资助机构以及高校等制定的相关政策保障推动了科研数据的开放和共享，同时保障了科研数据开放主体的自身利益，因此，科研数据开放中可能存在的危险在政策制度因素的影响下显得微不足道，本阶段驱动力与其他驱动力共同推动高校科研数据的完全开放。

5.6 高校科研数据开放机理模型构建

高校科研数据开放以科研数据为基础，结合科研数据生命周期，以初步开放、部分开放、完全开放等科研数据开放阶段过程为主要内容，并且在高校科研数据开放环境的影响作用和科研数据开放平台的保障作用下，实现高校科研数据在高校科研人员、科研团队和科研机构等科研数据开放主体之间的开放。本研究构建的高校科研数据开放机理模型如图 5-5 所示。

由图 5-5 可知，高校科研数据开放系统由高校科研数据开放主体和高校科研数据开放非主体共同构成。其中，高校科研数据开放主体包括高校科研人员、科研人员所处的科研团队和科研机构，高校科研数据开放非主体包括高校科研数据开放客体（科研数据）、高校科研数据开放平台和科研数据开放环境（社会环境、组织环境、个人环境、制度环境和技术环境）等要素。高校科研数据开放主体在外部动因及内部驱动力的作用下产生科研数据开放行为，通过高校科研数据开放平台将科研数据与其他科研人员进行交流和开放，从而实现了科研数据在不同主体之间的价值。高校科研数据开放环境因素在科研数据开放的整个过程中发挥着作用，同时由于科研数据开放主体具有主观能动性，他们的开放行为在受到科研数据开放环境影响的同时也会反作用于科研数据开放环境，对科研数据开放环境进行改造和完善。高校科研数据开放平台为高校科研数据开放的实施提供了虚拟平台，随着科研数据开放活动的实施以及对科研数据开放平台要求的提高，科研数据开放平台的发展得到了进一步促进和推动。

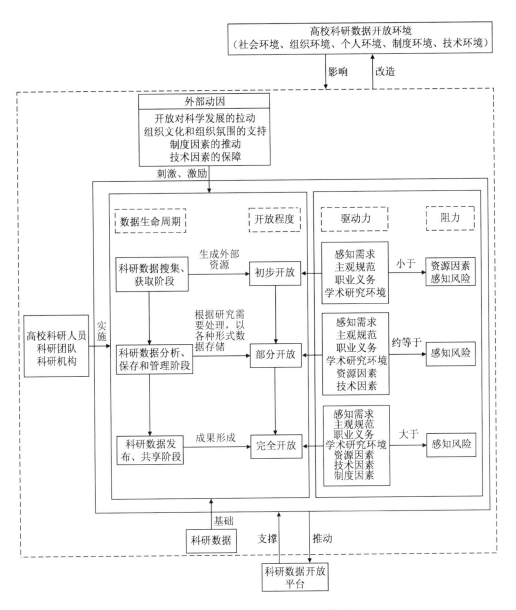

图 5-5　高校科研数据开放机理模型

5.7 | 本章小结

本章主要对高校科研数据开放的内涵和特征、构成要素和要素间的关系以及科研数据开放的动因和开放过程进行剖析，主要分析结果包括：① 在高校科研数据开放内涵和特征的基础上，分析得出高校科研数据开放的构成要素包括高校科研数据开放主体（科研人员、科研团队、科研机构）和高校科研数据开放非主体（科研数据开放客体、科研数据开放平台和科研数据开放环境），其中科研数据开放客体主要是科研数据，科研数据开放环境包含社会环境、组织环境、个人环境、制度环境和技术环境。② 通过分析高校科研数据开放主体和非主体要素之间的内在关系，分别讨论了以高校科研数据开放主体为中心的要素间作用关系和以高校科研数据开放非主体中平台为中心的非主体要素间作用关系。③ 分析了高校科研数据开放的动因，并结合科研数据生命周期理论和卓越阶段理论讨论了科研数据的开放过程。④ 构建了高校科研数据开放的机理模型。

第6章

高校科研数据开放平台评价体系研究

科研数据开放平台是科研数据管理和开放共享的主要途径和有效载体之一。本章首先通过文献调研和网络调查法分析6个国际组织开放政府数据的评估项目，在比较政府数据和科研数据异同的基础上，对其评估框架、指标进行深度梳理，结合科研数据开放平台的特点与实例，总结出适用于科研数据的指标，从平台建设基础、平台数据、平台管理功能以及平台效果与影响4个维度构建科研数据开放平台评价指标体系，进行实例评估；然后通过构建科研数据开放平台评价指标体系，并采用案例研究的方法对国内外具有代表性的4个数据开放平台（Harvard Dataverse、Illinois Data Bank、北京大学开放研究数据平台、复旦大学社会科学数据平台）进行深度剖析，从而揭示国内外科研数据开放平台的特点；最后从平台建设基础、平台数据、平台管理功能及平台效果与影响4个方面对国内科研数据开放平台的建设提出建议，为国内科研数据开放平台的开发建设提供实践指南。

6.1 ▎ 国际组织开放政府数据评估项目的概况与比较

通过网络调查和文献调研发现，国外具有代表性的开放政府数据评估项目主要有6个：联合国电子政务调查、欧洲公共部门信息记分牌[106]、开放政府数据指数[107]、开放数据晴雨表[108]、欧洲开放数据监督和数据开放性普查[109]。

通过对6个开放政府数据评估项目进行比较可以发现，欧洲公共部门信息记分牌和欧洲开放数据监督项目的评估主体是欧盟各成员国，范围仅限欧洲，其他评估项目的评估主体范围广，涉及全球众多国家。从评估的侧重点来看，大部分评估体系包含了对数据数量、质量、政策的评估，另外还有少数评估体系涵盖针对开放政府数据的监管政策、法律、技术等。从评估指标方面看，除了欧洲公共部门信息记分牌只有一级指标之外，其他的评估项目都含有两个级别的指标，相对于二层体系而言，虽然一级指标比较简单明了，但是二层体系更为具体，指标更加复杂多样。开放政府数据评估在实践中积累了丰富的经验，联合国电子政务调查中的政策与监管框架、组织架构，开放政府数据指数中的数据可用性、可访问性和数据再利用，开放数据晴雨表中开放数据的影响力，欧洲开放数据监督中对开放数据质量和数量的评估等，都可以作为科研数据开放评价指标体系中的指标，为科研数据开放评价指标体系构建提供借鉴与参考。

6.2 科研数据开放平台评价指标体系框架构建

通过对国际组织开放政府数据评估项目的分析和比较可以看出，开放政府数据评估体系中的一些指标可为科研数据开放评价指标体系的构建提供借鉴和参考。本书借鉴开放政府数据的指标，充分考虑科研数据的特点，以及在对国内外科研数据开放平台调查的基础上，从4个维度来构建科研数据开放平台评价指标体系：平台建设基础、平台数据、平台管理功能、平台使用效果与影响（见表6-1）。在联合国电子政务调查中，所考察的一级指标中的政策与监管框架、组织架构、数据目录的技术开放，在科研数据开放平台评价指标体系中，可转变为政策支持、组织与领导力、技术支持等指标。开放政府数据指数评估体系中的数据可用性、可访问性和再利用，欧洲公共部门信息记分牌中的信息再利用指令、再利用政策可转换为数据获取、数据管理、数据服务等指标。而科研数据开放平台评价指标体系中的需求与目标、效果与影响等指标则借鉴了开放数据晴雨表中的准备度和影响力。开放数据普查中的9个一级指标都与数据相关，对构建科研数据平台评价指标体系的数据部分指标有着较大的参考价值。

表 6-1　科研数据开放平台评价指标体系

一级指标	二级指标	三级指标
平台建设基础（A）	A1 需求与目标	A11 是否对现有数据进行监管、保存？ A12 是否对现有数据进行获取与再利用？ A13 是否符合合作组织或资助方的要求？ A14 是否为服务主导型/数据主导型/综合型平台？
	A2 政策支持	A21 是否有国家政策支持？ A22 是否有高校政策支持？ A23 是否有其他政策支持？
	A3 经费来源	A31 是否获得政府或国家基金资助？ A32 是否获得本校资助？ A33 是否获得研究机构资助？ A34 是否获得私人资助？ A35 是否获得社会机构资助？
	A4 组织行为与领导力	A41 是否整合校内或校际的优势部门及力量？ A42 是否在校内成立专门的组织协调机构？ A43 是否聘请第三方建设管理？ A44 管理人员是否受过专业的职业道德教育？ A45 是否制定绩效考核机制与惩罚机制？
	A5 管理力度	A51 是否侧重数据管理？ A52 是否侧重数据开放与共享？ A53 是否侧重数据再利用？
	A6 技术支持	A61 是否自主开发？ A62 是否有专业软件定制开发？ A63 是否对已有成熟的数据管理平台进行二次开发？ A64 是否有专业团队对平台进行管理和维护？
	A7 目标用户群	A71 是否面向本校师生科研人员？ A72 是否面向国内外其他高校师生科研人员？ A73 是否面向国内外科研机构？ A74 是否面向国内外社会人士/机构？

续表

一级指标	二级指标	三级指标
平台数据（B）	B1 数据来源	B11 是否为本校研究产生的数据（本校研究人员主动提交/数据服务人员提供咨询服务）？ B12 是否搜集其他机构（政府机构/科研机构/校际合作）的有效数据？ B13 是否为其他用户自行上传的数据？
	B2 数据描述与元数据	B21 数据描述是否属实？ B22 是否建立元数据库？ B23 是否按照元数据标准进行数据组织？ B24 提供者是否按照元数据标准对数据进行描述，生成规范的元数据文档？ B25 是否由专业人员创建、管理、维护元数据？ B26 是否支持多种元数据方案？
	B3 数据管理	B31 是否制订数据管理计划？ B32 用户是否可以自行管理？ B33 是否有后台人员协助管理？ B34 是否提供管理数据版本的功能？
	B4 数据发布	B41 发布的数据是否需要后台审核？ B42 发布的数据是否有不同权限？
	B5 数据存储	B51 数据是否能够长期保存？
	B6 数据分析	B61 是否提供数据分析、可视化功能？
	B7 数据开放	B71 学科的数量是多少？ B72 机构的数量是多少？ B73 数据集的数量是多少？ B74 数据空间的数量是多少？ B75 数据文件的数量是多少？
	B8 数据获取	B81 是否提供数据资源目录（包括共享与不共享的数据）？ B82 共享的数据是否能够直接获取？ B83 不共享的数据是否可以向所有者提交申请获取？ B84 提供的数据集是否是机读格式？ B85 机读格式的数据是否可以批量获取？ B86 数据的获取是否免费？
	B9 数据服务	B91 是否提供数据服务？ B92 是否提供数据的检索、浏览、下载功能？

续表

一级指标	二级指标	三级指标
平台数据（B）	B10 学科数据库	B101 是否按学科整合各类型数据，并形成各类学科数据库？ B102 是否由学科专业人员管理、维护学科数据库？
平台管理功能（C）	C1 组织形式	C11 是否由高校单独建设？ C12 是否与其他科研机构/社会机构/校际合作建设？
	C2 界面友好性	C21 导航目录是否清晰？ C22 操作是否方便快捷？ C23 是否有中英文双语界面？ C24 是否有互动交流平台？ C25 是否有反馈平台？ C26 门户网站上是否有宣传和推广？
	C3 用户管理	C31 用户是否需要注册和登录？ C32 是否对用户身份进行严格认证？ C33 是否需要用户填写详细的个人信息，如住址、手机号、邮箱、职称、学历、工作单位等？ C34 是否将不同需求的用户划分不同等级？ C35 系统是否有提供和指导用户升级的功能？ C36 是否将用户进行分组（用户组）管理？
	C4 权限管理	C41 不同等级的用户是否具有不同的权限？ C42 是否对数据空间、数据集、数据文件定义了多种访问权限，如创建权限、读取权限、更新权限、删除权限等？ C43 不同角色是否具有不同权限？ C44 是否可以根据基本权限自定义新角色？ C45 后台管理员是否具有所有权限？
	C5 标识符管理	C51 是否为数据的关键元素提供唯一的资源标识符（URL）？

一级指标	二级指标	三级指标
平台使用效果与影响（D）	D1 校内科研人员、机构	D11 是否愿意使用科研数据管理平台？ D12 是否愿意共享数据？ D13 是否从获取、再利用共享数据中获益？ D14 是否能够通过共享数据再次产生数据？ D15 是否推动了本校的研究活动？
	D2 其他高校科研人员、机构	D21 是否愿意使用其他高校的科研数据管理平台？ D22 是否愿意共享数据？ D23 是否从获取、再利用共享数据中获益？ D24 是否能够通过共享数据再次产生数据？ D25 是否对本校建设科研数据管理平台有所启发？
	D3 社会科研人员、机构	D31 是否愿意使用高校科研数据管理平台？ D32 是否愿意共享数据？ D33 是否从获取、再利用共享数据中获益？ D34 是否能够通过共享数据再次产生数据？ D35 是否促进了数字环境的良性发展？

数据生命周期理论是平台数据部分重要的理论依据。通过文献调研和网络调查发现，国际上有很多机构组织以及高校提出特色鲜明的数据生命周期模型，比较有代表性的是英国数据管理中心（DDC）的数据生命周期，主要分为创建数据、处理数据、分析数据、长期保存数据、获取数据、重用数据 6 个阶段[110]。科研数据开放平台评价指标体系框架中数据部分的指标依托数据生命周期理论而设置，可将平台数据一级指标划分为数据来源、数据描述、数据管理、数据发布、数据存储、数据分析、数据获取、数据服务等二级指标。

通过对 Harvard Dataverse（以下简称哈佛平台）、Illinois Data Bank（以下简称伊大平台）、北京大学开放研究数据平台（以下简称北大平台）和复旦大学社会科学数据平台（以下简称复旦平台）的网络调研可以看出，哈佛平台成立之初，不仅希望给本校师生、科研人员提供便利，促进数据的再利用，延长数据的生命周期，而且有着更高的战略目标[111]。伊大平台的使命是搜集、保存并持续提供由师生、科研人员创建的研究数据，旨在响应伊利诺伊州的研究团体共享研究数据的需求，并得到学校的支持，努力实现科研数据共享的可持续发展[112]。北京大学在建立科研数据管理平台之前，充分调研了本校师生、科研人员、各个机构部门的科研数据管理需求，发现高达 87.5% 的受访者愿意在一定条件下共享部分数据。共享数据会为数据带来有效增值，并且提高科研成果的引用率，但是这也存在一些弊端，受访者担心最多的就是他人利用共享数据抢先发表研究成果[113]。复旦平台通过创建数据集功能来采集数据，建立了基于数据记录倡议（data documentation initiative，DDI）的元数据著录规范来进行数据组织，实现了数据的长期保存，支持用户科学数据的提交与发布，并将数据进行分类、分级与共享，根据数据处理程度和应用目的将科学数据划分为课题组内部、复旦大学内部、复旦大学外部数据三类，不同的用户人群具有不同的使用权限[114]。根据国内外数据管理平台建设的实际情况，可得出需求与目标、目标用户群、元数据、用户管理、权限管理、标识符管理等二级指标。

6.3 ｜ 科研数据开放平台评价案例研究

本书以哈佛平台、伊大平台、北大平台和复旦平台为例，研究成熟的高校科研数据管理平台。哈佛大学是最早开发科研数据管理平台的高校之一，2006 年，哈佛大学定量社会科学研究所的科研团队开始致力于开发开放的数据管理平台——Dataverse。Dataverse 平台用于共享、保存、引用、探索和分析研究数据。在一定条件下，平台有助于将数据提供给其他人，实现数据的再利用[115]。伊大平台是伊利诺伊大学香槟分校一个基于文件的开放研究数据库。长久以来，伊利诺伊大学图书馆都履行着保存和获取伊利诺伊大学研究成果的职责。伊大平台依靠着强大的政策框架运作，充分践行了大学致力于持续而可靠地共享研究数据的承诺[116]。2014 年，北京大学（简称"北大"）通过调研北大师生、科研人员、各个机构部门的科研数据管理需求，开始着手建设专业的科研数据管理平台。北大平台是北京大学经过充分调研，对哈佛大学开发的开源软件 Dataverse 进行二次开发建设而成的，平台以"规范产权保护"为基础，以"倡导开放科学"为宗旨，鼓励研究数据的发布、发现、再利用和再生产，促进研究数据引用的实践和计量，并探索数据的长期保存，培育和实现跨学科协同创新。2012 年，复旦大学实地考察并调研了美国多所著名高校，在选型时非常关注数据分析功能，最终决定与哈佛大学进行合作，2013 年 3 月，复旦大学与哈佛大学的 Dataverse Network 系统签署了全面合作协议。复旦大学不仅是 Dataverse Network 的使用者，还是哈佛大学的合作伙伴，帮助哈佛大学共同推进 Dataverse 的国际化和新功能的开发[117]。

6.3.1　建设基础

（1）需求与目标

4 所高校对于建设数据平台的需求与目标各有异同，其中，对现有数据的监管、保存、获取和再利用是 4 所高校共同的需求。北大平台由国家自然科学基金–北京大学管理科学数据中心资助建设。复旦平台由复旦大学社会科学数据研究中心资助建设。哈佛平台和伊大平台都是校内机构建设，尚未发现相关合作组织或资助方。数据平台的建设目标有 3 种：服务主导型、数据主导型和综合型。北大平台是服务主导型平台，伊大平台和复旦平台是数据主导型平台，哈佛平台是综合型平台。

（2）政策支持

4 个数据平台均有国家政策、高校政策以及其他政策的支持。哈佛平台的政策包括：通用条款、隐私政策、保存政策、社区规范、API（应用程序界面）使用政策、样本数据使用条例等政策。伊大平台发布了配套的政策体系：获取和使用政策、准入政策、存储协议、保存协议、保存评审、修改、保留、交换、退出程序，以便指导和服务用户工作。

（3）经费来源

4 个数据平台的经费来源比较见表 6-2。哈佛平台的建立由 Alfred P. Sloan 基金会、美国国家科学基金会、美国国立卫生研究院资助；北大平台由国家自然基金资助建设；复旦平台由复旦大学社会科学数据研究中心资助建设；伊大平台只由本校资助建设。4 个数据平台均没有私人资助，伊大平台、北大平台和复旦平台也没有研究机构资助和社会机构资助。

表6-2 4个平台的经费来源比较

平台	政府或国家基金资助	本校资助	研究机构资助	私人资助	社会机构资助
哈佛平台	√	√	√	×	√
伊大平台	×	√	×	×	×
北大平台	√	√	×	×	×
复旦平台	√	√	×	×	×

（4）组织行为与领导力

哈佛大学定量社会科学研究所、哈佛大学图书馆和哈佛大学信息技术研究所为哈佛平台的建设提供资助。伊大平台由伊利诺伊大学图书馆负责建设，由专业人员管理、运营和维护。北大平台由北大图书馆与国家自然科学基金-北京大学管理科学数据中心联合建设，该平台与北大内部的优势力量科学研究部、北大社会科学部密切合作。复旦大学社会科学数据研究中心核心建设专家团队包括管理委员会主任林尚立教授、主任彭希哲教授和国际学术顾问委员会主席谢宇教授等。4个平台均未聘请第三方人员管理，其管理人员都是经过专业培训的，只有哈佛平台制定了绩效考核机制与惩罚机制。4个数据平台的组织行为与领导力比较见表6-3。

表6-3 4个平台的组织行为与领导力比较

平台	校内或校际优势部门及力量	校内成立专门的组织协调机构	聘请第三方人员管理	管理人员是否经过专业教育培训	是否制定绩效考核机制与惩罚机制
哈佛平台	√	√	×	√	√
伊大平台	√	√	×	√	×
北大平台	√	√	×	√	×
复旦平台	√	√	×	√	×

（5）管理力度

4个平台的数据管理力度、数据开放与共享程度都较强，起步较早的哈佛平台和伊大平台的数据再利用程度较高，北大平台和复旦平台在这方面还有很大的进步空间。

（6）技术支持

表6-4为4个数据平台的技术支持比较，其中哈佛平台定量社会科学研究所与哈佛大学图书馆、哈佛大学信息技术研究所合作，哈佛大学IT部门的图书馆技术服务为哈佛平台提供了数据库的管理和备份的技术支持。伊大平台是伊大图书馆负责建设的一个基于文件的开放数据库，技术平台主要依靠学校机构库、元数据支持和其他基础设施。北大平台和复旦平台都是在Dataverse的基础上二次开发建设而成的，并且也开发了一些新功能。4个平台均有专业团队进行维护。

表6-4　4个平台的技术支持比较

平台	自主开发	专业软件定制开发	对已成熟的数据管理平台进行二次开发	是否有专业团队进行维护
哈佛平台	√	×	×	√
伊大平台	√	×	×	√
北大平台	×	×	√	√
复旦平台	×	×	√	√

（7）目标用户群

4个平台都面向本校、国内外其他高校以及科研机构、国内外社会人员及机构开放，为其提供数据管理和数据服务。

6.3.2　平台数据

（1）数据来源

4个平台的数据来源各不相同。哈佛平台不仅希望给本校师生、科研人员提供便利，促进数据的再利用，延长数据的生命周期，还与社区合作，为社会人员提供服务。伊大平台可保存和获取本校研究成果，其使命是搜集、保存并持续为本校师生、科研人员提供创建的研究数据，科研人员也可以自愿将科研数据上传至数据平台，供他人再利用。北大平台不仅面向北大师生，也面向国内外其他高校及科研机构，收录国内外学界和非学界相关组织的优质科研数据。除了鼓励研究者自行提交科研数据之外，北大平台还有针对性地向国内外学者或科研机构征集研究数据（以调查类数据为主），对数据进行管理或加工后，免费共享给数据使用者。复旦平台搜集学校内部人员的科研数据和用户自行上传的数据。4 个平台均搜集本校的研究数据和用户自行上传的数据，只有哈佛平台和北大平台搜集其他机构的数据。

（2）数据描述与元数据

4 个平台均要求数据的描述属实，同时也有工作人员在后台审核这些数据是否属实。4 个平台均建立了元数据库，按照元数据标准进行组织，提供者按照元数据标准进行描述生成规范的元数据文档，由专业人员管理维护元数据。但是除了哈佛平台外，其他 3 个平台都不支持多种元数据方案。哈佛平台元数据采用 DDI 标准进行管理，支持 12 种元数据方案，由于每个数据空间都有其特殊性，因而都设定了特定的元数据方案，为了快速地生成元数据信息，它还提供元数据模板功能，可预先填写内容不变的元数据。伊大平台要求元数据十分精确，上传者提供的信息将作为与 DOI（数字对象标识符）相关的元数据附加到其数据集中，元数据越精确，就越容易被检索到，发布数据后，仍然可以编辑和扩展其元数据，数据服务人员还会定期检查元数据，适当添加信息，增加数据集的可见性。北大平台的元数据管理包括 DOI 永久标识符、规范的数据引用等。复旦平台建立了基于 DDI 的元数据著录规范来进行数据组织，实现了数据的长期保存，也支持用户提交与发布科学数据。

（3）数据管理

4 个平台均制订了数据管理计划，允许用户自行管理自己的数据，且均有后台人员对这些数据进行分类、整理、分析等管理。北大平台和复旦平台都是基于 Harvard Dataverse 的二次开发建设而成的，均具备数据版本的管理功能，而伊大平台不具备这项功能。哈佛平台的数据管理包含元数据管理和版本管理。复旦平台的数据管理包括科研数据和基于科研数据的研究成果、衍生出版物的提交、审核与发布，科学数据文件格式的校验与转换。

（4）数据发布

4个平台的用户在上传数据时均需要经过后台审核，数据若被分到不同的类别，则具有不同的权限。

（5）数据存储

4个平台都能够长期储存数据。哈佛平台、北大平台和复旦平台都能够为校内外的用户长期存储数据，而伊大平台只履行保存学校内部数据的职责，教职人员或研究生可直接登录存储数据，其他人员如本科生则登录受限制。

（6）数据分析

哈佛平台、北大平台和复旦平台均为用户提供数据分析和可视化功能。哈佛平台提供多学科在线分析功能，伊大平台则不提供该功能。

（7）数据开放

4个平台的学科数量、发布数据的机构数量、数据集数量、数据空间数量、数据文件数量统计见表6-5（截至2019年10月11日），数据量随着时间在不断更新和增加，其中伊大平台没有数据空间和数据文件的数量统计。

表6-5 4个平台的数据开放数量比较

平台	学科数量	机构数量	数据集数量	数据空间数量	数据文件数量
哈佛平台	819	312	91 503	3 459	560 353
伊大平台	6	47	191		
北大平台	27	18	290	46	1 782
复旦平台	18	6	645	152	2 477

（8）数据获取

由表6-6可知，4个平台均提供数据资源目录，但只有伊大平台能够直接获取共享数据。对于不共享的数据，4个平台均暂未设置向所有者提交查看申请的选项，其数据集均为机读格式。哈佛平台、伊大平台和北大平台中的数据都可以批量获取，而复旦平台中的数据只能逐条下载。4个平台的数据均可免费获取。

表6-6　4个平台的数据获取比较

平台	提供数据资源目录	共享数据能够直接获取	不共享的数据可以向所有者提交查看申请	提供的数据集为机读格式	数据批量获取	数据获取免费
哈佛平台	√	×	×	√	√	√
伊大平台	√	√	×	√	√	√
北大平台	√	×	×	√	√	√
复旦平台	√	×	×	√	×	√

（9）数据服务

哈佛平台、北大平台、复旦平台都提供数据服务，均向用户提供数据管理、上传和发布功能。哈佛平台面向学者、机构、期刊、学会等提供研究数据的管理、发布和访问服务。北大平台提供的数据服务包括完整的数据提交、管理和发布功能，灵活的访问控制、请求与审核机制，规范的版权保护、实名学术社区，国际化平台、双语展示界面等。复旦平台将数据服务作为核心业务之一，包括科学数据和基于科学数据的研究成果、衍生出版物的检索、查看、浏览和下载等，在线分析和数据可视化，资源导航、搜索引擎。而伊大平台仅提供数据的检索浏览和下载功能，不提供其他的数据服务。

（10）学科数据库

4个平台均按学科整合各类型数据，形成学科数据库，并且由专业人员管理、维护。

6.3.3　平台管理功能

（1）组织形式

4个平台的组织形式比较见表6-7。哈佛平台和伊大平台都是独立开发建设的，是整合校内优势部门共同建设的。北大平台是经过充分调研，对哈佛大学开发的开源软件 Dataverse 进行二次开发建设而成的。复旦大学实地考察并调研了美国多所著名高校，在选型时非常关注数据分析功能，最终决定和哈佛大学进行合作，共同推进 Dataverse 的国际化和新功能的开发。

表 6-7   4 个平台的组织形式比较

平台	高校单独建设	与其他科研机构/社会机构/校际合作建设
哈佛平台	√	×
伊大平台	√	×
北大平台	×	√
复旦平台	×	√

（2）界面友好性

4 个平台的界面友好性比较见表 6-8。4 个平台的导航目录栏都较为清晰，操作方便。哈佛平台仅在导航栏有中文显示，其余与伊大平台一样都只有英文界面，而北大平台和复旦平台均有中英文双语界面。4 个平台都没有可供用户交流互动的页面，但是提供了反馈平台。只有复旦平台有宣传推广页面。

表 6-8   4 个平台的界面友好性比较

平台	导航目录清晰	操作方便快捷	中英文双语	交流互动平台	反馈平台	宣传推广
哈佛平台	√	√	×	×	√	×
伊大平台	√	√	×	×	√	×
北大平台	√	√	√	×	√	×
复旦平台	√	√	√	×	√	√

（3）用户管理

4 个平台的用户管理比较见表 6-9。哈佛平台、北大平台和复旦平台的用户均可通过注册来登录平台，享受平台的服务，但是伊大平台没有注册的选项，只能通过 NetID 和密码登录。4 个平台都会对用户的身份进行严格认证。除了北大平台需要提供详细的个人信息外，其他 3 个平台均不需要提供详细的个人信息。4 个平台都对用户进行分类，并且都对用户进行分组管理。只有哈佛平台能够提供和指导用户升级，其他 3 个平台没有该功能。

表 6-9　4 个平台的用户管理比较

平台	注册和登录	对用户身份进行严格认证	详细的个人信息	对用户进行等级分类	提供和指导用户升级	对用户进行分组进行管理
哈佛平台	√	√	×	√	√	√
伊大平台	×	√	×	√	×	√
北大平台	√	√	√	√	×	√
复旦平台	√	√	×	√	×	√

（4）权限管理

4 个平台的权限管理比较见表 6-10。4 个平台中不同等级的用户拥有不同权限，并且都对数据空间、数据集、数据文件定义了多种权限，只有哈佛平台可以利用多种权限组合成新角色，并且根据基本权限定义新角色，其他 3 个平台则没有该功能。4 个平台的不同角色均有不同权限，但是后台管理员不拥有所有权限。

表 6-10　4 个平台的权限管理比较

平台	不同等级的用户拥有不同权限	对数据空间、数据集、数据文件定义了多种权限	多种权限组合成新角色	不同角色具有不同权限	根据基本权限定义新角色	后台管理员拥有所有权限
哈佛平台	√	√	√	√	√	×
伊大平台	√	√	×	√	×	×
北大平台	√	√	×	√	×	×
复旦平台	√	√	×	√	×	×

（5）标识符管理

4 个平台都为数据的关键元素提供了唯一的资源标识符（URL）。

6.3.4 平台效果与影响

4 个数据平台使用群体均面向校内外科研人员、机构，以及社会科研人员、机构。他们愿意使用数据管理平台、共享数据、再利用数据以及通过共享数据再次产生数据，推动研究活动的发展。

（1）校内科研人员、机构

校内科研人员和机构均愿意使用本校开发的数据平台管理数据，大多数用户都愿意共享数据，并且从共享数据中获益、再次产生数据。4 个平台均推动了本校的科学研究活动的发展。

（2）其他高校科研人员、机构

其他高校的科研人员和机构也较为愿意使用高校开发的数据平台管理数据，使用平台的用户大部分都愿意共享数据，并且能够从共享数据中获益，甚至再次产生数据。这些用户的反馈对高校科研数据平台的建设有一定的促进作用。

（3）社会科研人员、机构

社会科研人员和机构也比较愿意使用高校开发的数据平台管理数据，大多数用户都愿意共享数据，并且从共享数据中获益、再次产生数据。社会科研人员和机构的开放存取数据促进了开放运动的良性发展。

6.4 | 科研数据开放平台评价结果与启示

本章对 6 个国际开放政府数据评价体系进行了分析和比较，且在辨析开放政府数据和开放科研数据异同点的基础上，参考数据生命周期理论，构建了科研数据开放平台评价指标体系，包含平台建设基础、平台数据、平台功能、平台效果与影响 4 个一级指标，25 个二级指标，以及若干三级指标。

6.4.1 平台建设基础

平台建设基础是平台运行和应用的基本前提，包括需求与目标、政策支持、经费来源等 7 个二级指标。4 个平台的建设目标都是基于对数据的保存、获取、再利用等，但是侧重点略有不同。国外的平台受到的社会资助较多，而国内的平台大多是受国家基金项目的资助。国外的平台较国内来说，更加注重数据的再利用。国外的两个平台均采用自主开发软件建设，而国内的平台是基于已成熟软件的二次开发建设而成的。4 个平台的服务对象基本一致。

国内往往因为经费不足和技术能力有限，导致科研数据开放平台发展缓慢，所以国家应该加大资助力度，同时适当招募社会机构资助建设平台，出台更多的扶持性政策鼓励更多高校建立科研数据开放平台。在发展前期，将重心放在研发新的软件、发展新技术上。对于已经建成的数据开放平台，应该加强管理，促进数据再利用，并且加强政策的制定，为数据开放平台提供良性发展的大环境。

6.4.2　平台数据

数据是平台建设和运行的核心保障，包括数据来源、数据描述与元数据、数据管理等 10 个二级指标。4 个平台都非常注重数据的真实性，数据基本上来自本校，有些学校还搜集其他来源的数据，数据发布都需要经过严格的审核。目前来说，国外数据平台的数据更新较快，国内数据平台的数据更新速度略显滞后。目前 4 个平台均制订了数据管理计划，但其广度和深度却不尽相同。由于不同数据平台之间的元数据标准不同，因而数据共享的难度较大。

国内的数据平台经过多年发展，在数据管理、分析等方面取得了部分成果，但也有很多不足之处需要改进。国内除了少数建设较早、发展较快的数据平台以外，其他已经建设的科研数据平台对于数据缺乏系统化的管理。制订数据管理计划有利于数据嵌入科研的全过程。同时国内的数据平台应当不断完善数据服务，开发能够为用户定制数据服务的个性化功能，增加用户黏性。各平台应该积极收录国内外最新数据，利用学校优势学科建设具有特色的学科数据库，发挥其不可替代的作用；建立统一的元数据标准，促进数据共享，实现平台的交互操作[118]。

6.4.3 平台管理功能

平台管理功能可以反映用户使用平台的效果与效率，包括组织形式、界面友好性、用户管理等5个二级指标。哈佛大学作为最早建设数据平台的高校之一，其开发的Dataverse被国内外许多高校二次开发，作为建设数据平台的基础。国外还有一些高校，如伊利诺伊大学，采用自主开发的软件建设数据平台，而国内的高校大部分选择了成熟的开源系统快速建设数据平台。国外的数据平台基本只有英文界面，而国内高校的数据平台为了方便国内外用户，会提供中英文两种界面。Harvard Dataverse对用户、权限和标识符的管理都比较全面，其他学校的数据平台都或多或少存在一些不足。

6.4.4 平台效果与影响

国内外高校数据平台的建设对自身以及社会发展有着重大深远的影响，可让用户从开放数据中获益，促进数据的再利用，充分实现科研数据的价值，促进开放数据运动的发展。

未来，希望政府层面出台相关政策和法律法规，支持、规范开放数据，改变反对者对数据共享的偏见，使更多人从中获益，促进开放数据生态环境的良性发展。

综上所述，利用构建的科研数据开放平台评价指标体系对哈佛平台、伊大平台、北大平台、复旦平台进行评估与对比发现，哈佛平台和伊大平台是高校较早建立的数据开放平台，哈佛大学采用自主开发的软件Dataverse建立了Harvard Dataverse，其功能全面、数据丰富，被全世界各地的研究者广泛使用，并与时俱进，不断开发新功能。Illinois Data Bank虽然建立较早，数据的数量和种类也比较丰富，但是其搜集的数据大部分都是本校产生的科研数据，并且功能尚需拓展。北京大学和复旦大学是国内建设数据开放平台的典型案例，两个平台都是依托Dataverse技术建设而成的。复旦平台较北京平台来说，数据更加丰富全面，涵盖学科更为广泛，功能也更为全面新颖，两个平台都面向国内外的研究者开放，研究者均可以根据平台的使用规则先注册、登录再上传和下载数据。

6.5 | 本章小结

本章采用案例研究的方法，对哈佛大学、伊利诺伊大学、北京大学和复旦大学 4 个科研数据开放平台进行对比分析。研究发现，4 个平台在建设基础、数据、管理功能以及效果与影响上呈现不同的特点，这主要是由高校所面临的政策、数据与用户的不同所决定的。目前，科学数据开放平台在数据开放方面已取得了一定的成就，但是不同数据平台之间的元数据标准不同，数据共享较为困难。因此，需要建立统一的供科研数据开放平台使用的元数据标准，实现平台数据的交互操作，从而加强高校之间的合作[119]。

国务院 2018 年印发的《科学数据管理办法》对加强和规范科学数据管理、保障科学数据安全、提高开放共享水平具有重要的推动作用。科研数据开放系统是开展科学数据管理活动的主要桥梁和平台，《科学数据管理办法》中明确规定了不同职能部门的任务和职责，其中高校的一项重要职责是建立科学数据管理系统。科学数据管理平台建设对大部分高校来说是新生事物，目前国内外可借鉴的优秀成功案例相对较少。本章在理论分析和实践调研的基础上构建的科研数据开放平台评价指标体系，对于高校科学数据管理系统的建设与运营具有一定的借鉴与参考价值。

第 *7* 章

高校科研数据开放平台功能定位研究

第 6 章通过构建科研数据开放平台评价指标体系对国内外具有代表性的 4 个数据开放平台进行比较和评估，主要侧重第三方主观和宏观方面的定性评价，较少考虑用户的实际体验。本章基于用户体验视角和情景分析理论，检验在用户体验视角下高校科研数据平台功能的可用性，助力科研数据发挥更大价值，实现科研数据全方位管理，推动开放科学和开放数据的进程；针对科研过程的阶段性特征，采用情景分析法构建了基于科研过程的 4 个情景，应用可用性测试和眼动实验的方法，以复旦大学社会科学数据平台为例开展了用户体验研究；初步确定了高校科研数据平台的四大功能定位：用于选题立项的功能、用于科研准备的功能、用于科研实施的功能和用于成果管理的功能。本章还对新一代高校科研数据平台功能进行了重新定位与优化，从而实现数据一站式管理、数据开放、数据共享以及数据再利用等功能。

7.1 | 情景分析理论概述

7.1.1 情景分析法的概念

情景分析法（scenario analysis）又称为前景描述法或脚本法，通过对未来进行详细、严密的推理和描述来构想未来各种可能的方案，并随时监测影响因素的变化，对方案做相应调整，在正确描述现状的条件下，根据未来可能发生的变化，描绘出多种可能会发生的情况或情景，为制定战略提供科学依据[120]。

7.1.2　情景分析法的应用

情景分析法最早用于军事领域，目前，情景分析法主要适用于战略管理、政策分析、风险评价等领域[121,122]，已有学者将情景分析法引入图书情报领域：周静珍等[123]利用情景分析法，对低碳图书馆进行研究；易红[124]采用情景分析法，对云计算环境下图书情报领域的发展趋势可能出现的情景进行描述和阐释。此外，情景分析法还应用于用户画像、用户信息行为等研究领域[125]。

7.1.3　情景分析法的步骤

情景分析法在实践中的成功，迅速扩散了其在世界范围内各领域、组织、群体中的影响力，在实践过程中产生了更多的创新，如 Gilbert 提出的情景分析方法包括提出规划的前提假设、定义时间和决策空间等 10 个步骤[126]；而 Fink 则认为情景分析法可以简化为 5 个步骤[127]。当前普遍使用的是斯坦福研究院（SRI）拟定的"基于情景战略发展"情景分析步骤，包括定义问题、识别关键要素、分析外在驱动力量、选择不确定轴面、发展情景逻辑、分析情景内容 6 个步骤[128]。

本章基于 SRI 的情景分析步骤，并结合本章的研究对象和目的等，将情景分析步骤划分为定义问题、识别关键要素、分析外在驱动力量、选择不确定轴面、构建情景框架、描述情景故事和分析情景内容 7 个步骤。其中，情景框架是根据一般科研过程构建的，描述情景故事则包括对脚本故事的描述以及情景任务的设置，每一类任务又逐层分为目标、功能、母任务和子任务 4 个级别。情景内容分析作为情景构建的后续延伸，是整个研究工作中至关重要的一步，在体系中起着承前启后的桥梁作用，最终实现高校科研数据平台功能定位研究。

7.1.4　情景分析法的适用性

情景分析法作为一种预测和分析未来不确定事件的方法论，其对高校科研数据平台用户在科研过程中的用户体验测评以及科研需求下的高校科研数据平台功能定位具有一定的适用性。首先，由于高校科研数据平台用户在科研全过程中的用户体验具有复杂性与未知性，且用户体验是在情景体验中产生的，会随着情景的变化而改变，因而通过对用户所处情景的假设，可以推测用户在情景下的体验效果，实现对高校科研数据平台用户在科研全过程中产生的体验效果的预测；其次，由于用户体验是伴随着科研过程产生的，且科研过程可分解成 4 个大阶段和若干小阶段，因而通过对科研实施的全程监测，可以观测用户的信息行为，并以此分析用户通过高校科研数据平台对科研全过程的体验效果，进而实现基于用户视角对支持数据一站式管理的科研数据平台功能的定位。因此，将情景分析法应用于高校科研数据平台的研究，既开拓了情景分析法应用的全新领域，也为高校科研数据平台的功能定位提供了针对用户体验展开预测与分析的新思路与新方法。这不仅有利于高校科研数据平台站在用户的角度优化平台功能，且基于预测与分析的情景分析法也是其独有的研究方法。

7.2 | 高校科研数据平台的情景构建

7.2.1 面向用户在科研过程中产生用户体验的情景构建

本书采用的情景分析方法包括定义问题、识别关键要素、分析外在驱动力量、选择不确定轴面、构建情景框架、描述情景故事和分析情景内容 7 个步骤。

首先，情景构建的第一步是定义问题，明确研究的目标是预测基于用户在科研过程中产生用户体验的高校科研数据平台的情景，并对情景构建的目的及情景内容进行定义。

其次，通过文献调研，依据英国数据管理中心（DDC）、牛津大学等机构和高校建立的科研数据生命周期模型，结合高校科研数据平台的特点建立适合本研究的数据生命周期模型，将科研数据生命周期划分为制订数据管理计划、数据搜集、数据获取、数据处理、数据创建、数据分析、数据保存、数据销毁、数据共享/出版、数据再利用 10 个阶段。依据建立的科研数据生命周期模型，将科研一般过程总结归纳为选题立项、科研准备、科研实施、成果管理 4 个阶段，并将各阶段的科研需求确定为关键要素。

再其次，通过相关文献的分析与梳理，从宏观及微观的角度对外部驱动力量进行了汇总，并按不确定性程度和关键决定因素的影响程度对关键外部力量按等级排序，识别出外部驱动力量中的关键部分。

然后，根据对情景的关键外部力量中属于高影响力和高不确定性部分的分析，从驱动力量的群组中选择 3 个不确定性轴面作为情景内容的驱动力量，进而构建情景。

最后，结合情景中的关键决定要素（科研过程）以及不确定轴面，构建基于科研过程的情景内容，包含 4 个高校科研数据平台情景。从情景之间的逻辑关系看，4 个情景相互独立又紧密相连。基于个体而言，每一个情景都自成一体，有其独立的情景内容及演变情况；总体而言，4 个情景相互关联，如表 7-1 所示。

表 7-1　基于科研过程的情景框架

情景	情景内容	情景目标	情景目标功能	不确定因素
情景一	选题立项	测量高校科研数据平台在选题立项阶段的用户体验	制订数据管理计划	用户学科背景、科研项目、科研数据平台技术发展不确定
情景二	科研准备	测量高校科研数据平台在科研准备阶段的用户体验	数据搜索数据下载数据引用数据处理	用户科研项目、科研数据平台技术发展不确定
情景三	科研实施	测量高校科研数据平台在科研实施阶段的用户体验	数据创建数据分析数据保存	科研数据平台技术发展不确定
情景四	成果管理	测量高校科研数据平台在成果管理阶段的用户体验	数据销毁数据共享/出版数据分享数据链接数据再利用	科研数据共享政策、开放条款不确定

7.2.2 高校科研数据平台的情景故事描述与任务设置

由于高校科研数据平台是以数据功能为核心的，是帮助用户实现科研数据全过程一站式管理的平台，而整个科研过程中最重要的就是科研实施阶段，科研实施完成与否决定了整个研究工作的成败。因此，本章主要以基于科研实施阶段的相关情景（即情景三）为例，展开具体的情景描述与分析。

（1）预案要点

情景三需要用户通过高校科研数据平台完成科研实施任务，主要完成数据创建、数据保存、数据分析等任务。由于技术手段的限制，因而随着情景演变可能出现某些功能缺失或不完善的情况。

（2）任务设置

将情景三的任务按目标、功能、任务、子任务 4 个级别进行设置。其中，任务目标为测量高校科研数据平台在科研实施阶段的用户体验；功能为预测高校科研数据平台是否在科研实施阶段提供较好的用户体验，预测是通过数据创建、数据分析和数据保存功能实现的；任务与子任务是以任务目标为导向，围绕任务功能设计的，如表 7-2 所示。

表 7-2　情景三任务设置

任务设置	科研准备		
目标	测量数据创建的用户体验	测量数据保存的用户体验	测量数据分析的用户体验
功能	数据创建	数据保存	数据分析
任务	创建数据	保存数据	分析数据
子任务	创建和编辑数据空间、数据集	上传、编辑并保存数据文件，对数据进行版本管理	对数据进行可视化分析

7.3 | 高校科研数据平台功能定位研究

7.3.1　高校科研数据平台的可用性测试与眼动实验

可用性测试（usability test）是指特定使用者在特定环境中使用系统和产品，以完成特定目的或任务，对系统或产品的效用、效率与满意度的评价，发现其中的可用性问题，便于日后改进产品，提高性能[129]。可用性测试作为一种基于用户体验、评价测试对象可用性的实验方法，应用于高校科研数据平台情景的分析中，可从用户信息行为的角度测量用户体验、评价平台的用户体验。

眼动追踪（eye tracking）是神经心理学领域的一种方法，眼动追踪技术是利用特定的眼动设备或眼动系统记录被测者在某一环境中追随物体而产生的眼动数据，比如浏览文字、图像、网页等。眼动追踪技术是获取生理数据的重要来源[130]。随着技术的发展，眼动追踪广泛应用于人机交互、用户体验、可用性研究等领域。因此，眼动追踪应用于高校科研数据平台情景分析，可以记录用户的眼动活动，反映其生理和心理特征，更好地揭示用户信息行为的内生动机，从而完善平台的用户体验。

（1）实验内容

采用 Morae 可用性测试软件和 Tobii 眼动仪分别进行实验，记录并获取用户在执行任务过程中的系统数据及体验资料，参与实验的被测者使用复旦大学社会科学数据平台完成基于情景的测试任务，测试者对被测者的操作过程进行观测记录。

可用性测试对获取的相关数据资料基于效率性、效用性、满意度 3 个可用性评价指标进行分析，基于分析结果解析情景任务的完成情况，为评估高校科研数据平台的用户体验提供数据支撑。眼动实验的眼动数据基于首次进入用时和注视时长两个指标进行分析，深层解读用户信息行为背后的内生动机。

（2）实验流程

可用性测试和眼动实验流程均分为预实验和正式实验两部分。正式实验之前进行一次预实验，预实验的目的是熟悉研究条件、检查任务设计中是否存在问题、调整任务并确定实验内容，且预实验的测试结果不用于最终的实验结果分析。在正式实验测试过程中，实验小组由主持人、观察者、记录员3名组员构成，其中主持人负责引导受测者完成实验任务，观察者负责使用软件观测并记录受测者在测试过程中的表现，记录员负责记录受测者在整个实验过程中提出的建议、意见等。

（3）实验被测者及平台遴选

Nielsen 研究表明，一个由 5 个人参加的可用性测试，可以发现 85% 的可用性问题，特别是这 5 个被测者是来自不同层次的。为了保证数据分析结果的精确性，同时考虑到高校科研数据平台的受众群体主要集中在有科研需求的研究者，因而本实验共邀请了 40 名来自不同专业的研究者作为被测者，包括研究生（硕士研究生及博士研究生）和教师，其中研究生来自图书情报与档案管理专业、化学专业、机械专业、教师教育专业、马克思主义专业等，教师来自图书馆以及管理学院。

本实验选择的是复旦大学社会科学数据平台，其通过创建数据集功能来采集数据，建立了基于 DDI 的元数据著录规范来进行数据组织，实现了数据的长期保存，也支持用户科学数据的提交与发布，并将数据进行分类分级共享，不同的用户人群具有不同的使用权限。作为数据主导型的数据平台，复旦大学社会科学数据平台不仅提供数据的保存和共享服务，也正积极探索嵌入用户科研活动中的方法，为用户提供更丰富的数据管理服务。

（4）实验测试任务

实验的测试任务来源于情景任务，即构建的情景及情景对应的任务，而对这些任务进行实际操作，还需将其进一步具体化才能作为测试任务应用于实验。本章以情景三为例，基于情景任务设计了若干个具体的测试任务，将可用性测试与眼动实验设置相同的任务是为了对任务及其对应功能用不同指标、从不同层面进行分析，有助于呈现更加科学、客观、深层的分析结果。可用性测试任务如表 7-3 所示（注：本研究的测试任务是基于 4 个情景构建的，因而对情景三测试任务的介绍仅选取了其中的部分任务）。

　　为了使受测者更好地进入测试状态，本章设置了如下情景故事：假设被测者是一名财经专业的研究生，正在做一项关于人口老龄化的课题研究，需要借助复旦大学社会科学数据平台进行数据搜索、数据获取、数据创建、数据保存等，以便完成选题立项、科研准备、科研实施、成果管理的科研全过程。

表 7-3　可用性测试任务

情景任务	子任务	可用性测试任务
数据创建	创建、编辑数据空间	T1　创建名为"基于国际视角的人口老龄化研究"的数据空间，URL 别名为"RKLLH"，分类为"研究项目"，并自定义元数据字段及其属性（至少自定义一项）
		T2　将数据空间管理权限设置为"注册用户可以在该数据空间中创建数据集"
		T3　创建数据集留言簿，名称为"信息"，需要搜集的数据为"姓名""机构""电子邮件"
		T4　创建用户组，ID 为"DDC"，名称为"课题组"
	创建、编辑数据集	T5　在该数据空间中创建数据集，名称为"老龄化数据集"，学科为"社会科学"，描述为"研究成果"，作者、联系人、提交者均改为被测者姓名
		T6　设置文件访问权限
数据保存	上传、编辑数据文件	T7　将"老龄化数据"上传至数据集中，并编辑文件标签
数据分析	对数据进行可视化分析	T8　在文件类型中筛选平台支持解析的文件，对其进行在线分析

7.3.2　高校科研数据平台用户体验分析

7.3.2.1　实验结果分析

对高校科研数据平台进行可用性测试的目的是实现对高校科研数据平

台用户体验的测评。可用性测试的结果分析是基于可用性评价指标展开的，本章通过对不同指标进行对比后，最终确定了满意度、效率性及效用性 3 个评估指标用于本章实验的结果分析。其中，效率性是指用户完成任务时的准确性及完整程度与时间等资源之间的比率；效用性是指用户完成指定任务并实现特定目标时的准确性及完整程度；满意度指用户在任务完成过程中对产品的主观满意度和接受程度。本章以情景三为例对其实验结果选取每项任务的平均用时（效率性）、每项任务的成功率（效用性）、满意度等具体指标进行分析。

对高校科研数据平台进行眼动实验的目的是从用户的眼动数据揭示信息行为的内生动机，发现平台功能存在的问题，从而完善平台的用户体验。眼动实验的结果分析是基于眼动指标展开的，基于本章的研究目的，最终确定了首次进入用时（time to first fixation）、注视时长（fixation duration）两个眼动指标用于本书实验的结果分析。其中，首次进入用时是指每位被测者从实验开始到第一个注视点进入兴趣区所用的时间，首次进入用时越多，说明兴趣区内的目标越难被受测者找到；注视时长是指每位被测者在每个兴趣区内的注视时间长度，注视时间越长，说明被测者对兴趣区内的对象越感兴趣。本章以情景三为例对其实验结果选取以上两个眼动指标进行分析，分析结果如表 7-4 所示。

表 7-4　可用性测试及眼动实验结果

效率性——完成每项任务的平均用时			
情景任务	测试任务	完成每项任务的平均用时/s	不超过平均用时的人数百分比	超过平均用时的人数百分比
数据创建	T1	123	63%（19/30）	37%（11/30）
	T2	43	53%（16/30）	47%（14/30）
	T3	58	57%（17/30）	43%（13/30）
	T4	59	63%（19/30）	37%（11/30）
	T5	61	57%（17/30）	43%（13/30）
	T6	52	67%（20/30）	33%（10/30）

续表

情景任务	测试任务	完成每项任务的平均用时/s	不超过平均用时的人数百分比	超过平均用时的人数百分比
数据保存	T7	65	50%（15/30）	50%（15/30）
数据分析	T8	242	40%（12/30）	60%（18/30）

效用性——任务成功率

情景任务	测试任务	轻松完成人数百分比	困难完成人数百分比	操作失败人数百分比
数据创建	T1	43%（13/30）	40%（12/30）	17%（5/30）
	T2	80%（24/30）	20%（6/30）	
	T3	40%（12/30）	60%（18/30）	
	T4	60%（18/30）	40%（12/30）	
	T5	60%（18/30）	40%（12/30）	
	T6	90%（27/30）	10%（3/30）	
数据保存	T7	60%（18/30）	20%（6/30）	20%（6/30）
数据分析	T8		30%（10/30）	70%（20/30）

满意度（问卷统计）

情景任务	功能	满意度平均分（满分 5 分）/分
数据创建	创建数据空间	4.9
	设置数据空间管理权限	4.3
	创建数据集留言簿	3.9
	创建用户组	4.0
	创建数据集	4.8
	设置文件访问权限	4.0
数据保存	上传数据文件	4.3
	编辑文件标签	3.5
数据分析	在线分析数据	3.5

续表

眼动指标			
情景任务	功能	首次进入用时/s	注视时长/s
数据创建	创建数据空间	19.68	0.42
	设置数据空间管理权限	8.08	0.46
	创建数据集留言簿	5.50	0.39
	创建用户组	5.97	0.43
	创建数据集	15.35	0.45
	设置文件访问权限	10.40	0.39
数据保存	上传数据文件	8.57	0.38
	编辑文件标签	4.68	0.31
数据分析	在线分析数据		

（1）创建数据空间

如表 7-4 所示，创建数据空间功能对应的测试任务 T1 完成的效率性中等偏上，43%的被测者用时少于平均用时；效用性中等，17%的被测者任务失败，40%的被测者完成任务较为困难，说明该功能可用性中等，存在一些可用性问题。

首先，创建数据空间功能按钮隐藏得较深，隐藏在"数据资源"页面的"添加数据"按钮之下，大部分被测者难以发现。从眼动数据可以看出，被测者对兴趣区（创建数据空间功能按钮）的首次进入时间较长，原因是功能按钮为二级按钮，隐藏在一级按钮之下，且一级按钮的位置不符合用户期望。该功能按钮位于"数据资源"页面，然而大部分被测者认为创建数据空间应在"我的数据"页面进行，说明该功能按钮的区域显著性和目标可寻性都较差。但是，被测者对兴趣区（创建数据空间按钮）的注视时长较短，被测者一旦点击一级功能按钮看到二级创建数据空间按钮，就可以快速理解其含义，将其与任务相匹配，说明创建数据空间按钮的目标可识别性较强。

其次，创建数据空间时，被测者对自定义元数据的关注度最高，原因首先是任务的需要（要求自定义元数据）；其次是被测者操作困难，需要投入更多精力，要想完成任务，需要先取消使用默认模板，再进行自定义操作，但页面上没有说明，大部分被测者不知道如何操作，导致一些被测者放弃任务，说明创建数据空间中的自定义元数据部分易学性、易用性差。另外，页面中还有一个选项是选择元数据分面，被测者对其也有一定的关注度，一些被测者误以为自定义元数据是选择元数据分面，导致任务失败，说明页面中有其他竞争元素吸引被测者。

创建数据空间功能的用户满意度的平均分为 4.9 分，用户普遍对该功能的评分为 4 分或 5 分，说明用户对该功能的满意度很高，认为其是必备功能，该功能的用户体验很好。

（2）设置数据空间管理权限

如表 7-4 所示，设置数据空间管理权限功能对应的测试任务 T2 完成的效率性中等，有 53% 的被测者用时少于平均用时；效用性较高，80% 的被测者都能轻松完成任务，但依然存在一些可用性问题。

首先，少数被测者寻找设置数据空间管理权限的权限按钮较为困难，因为该按钮隐藏在编辑数据空间按钮之下，可见性较差。从眼动数据可以看出，被测者对兴趣区（权限按钮）的首次进入用时略长，原因是权限按钮隐藏在编辑数据空间按钮之下，说明权限按钮的区域显著性和目标可寻性较差。但是，被测者对兴趣区（权限按钮）的注视时长较短，用户看到该按钮便能够快速提取、理解信息，说明权限按钮的目标可识别性较强。

其次，被测者点击权限按钮进入的是该功能的介绍页面，在这个页面的右上角还有一个设置权限的按钮，点击该按钮才能进入设置权限页面。一些被测者难以注意到右上角的按钮，其原因是被测者的关注度主要集中于文字介绍，且按钮位置不符合人眼注视路径。因此，一些被测者难以注意到右上角的设置权限按钮。

设置数据空间管理权限的满意度平均分为 4.3 分，大部分被测者对其评分为 4 分或 5 分，仅有两名被测者对其评分为 3 分，说明被测者对该功能是较为满意的，认为该功能是必备的，该功能的用户体验较好。

（3）创建数据集留言簿

如表 7-4 所示，创建数据集留言簿功能对应的测试任务 T3 完成的效率性中等偏上，57%的被测者用时少于平均用时；效用性中等偏下，仅有 40%的被测者可以轻松完成任务。

被测者完成任务较困难的原因是，一些被测者寻找创建数据集留言簿按钮较为困难，该按钮隐藏在编辑数据空间按钮之下，可见性较差。从眼动数据可以看出，被测者对兴趣区（数据集留言簿功能按钮）的首次进入用时相对较短，这是由任务顺序导致的，前一个任务被测者已经了解了编辑数据空间按钮之下的各个二级按钮，因此找到创建数据集留言簿按钮相对轻松一些，但由于该功能按钮也是隐藏在编辑数据空间按钮之下的，其区域显著性和目标可寻性依然较差。被测者对兴趣区（数据集留言簿按钮）的注视时长较短，被测者看到该按钮就可以迅速识别，将其与任务相匹配，说明创建数据集留言簿按钮的目标可识别性较强。另外，页面上含有"数据集"字样的其他按钮是与目标按钮产生竞争的元素，容易使用户混淆不清，部分被测者的注视轨迹在这些按钮之间是比较杂乱的。

其次，被测者点击数据集留言簿按钮进入的是该功能的介绍页面，在这个页面的右上角还有一个创建数据集留言簿按钮，点击该按钮才能进入创建页面，被测者的关注度主要集中于文字介绍，因此一些被测者难以注意到右上角的创建数据集留言簿按钮。

创建数据集留言簿功能的满意度平均分为 3.9 分，仅有一位被测者对其评分为 5 分，大部分被测者对其评分为 3 分或 4 分，说明大部分被测者对于该功能是基本满意的，他们认为该功能是有用的，但是用户体验不是很好，还需改进。

（4）创建用户组

如表 7-4 所示，创建用户组功能对应的测试任务 T4 完成的效率性中等偏上，63%的被测者用时少于平均用时；效率性也是中等偏上，60%的被测者可以轻松完成任务，可用性问题依然存在。

首先，存在与前两个功能一样的问题，一些被测者寻找用户组按钮较为困难，原因是该按钮隐藏在编辑数据空间按钮之下，可见性较差。从眼动数据可以看出，被测者对兴趣区（用户组按钮）的首次进入用时相对较短，这是由任务顺序导致的。被测者从前两个任务中已经了解了编辑数据空间按钮之下的各个二级按钮，因此找到用户组按钮相对轻松一些，但由于该功能按钮也是隐藏在编辑数据空间按钮之下的，其区域显著性和目标可寻性依然较差。被测者对兴趣区（用户组按钮）的注视时长较短，被测者看到该按钮就可以迅速识别，将其与任务相匹配，说明用户组按钮的目标可识别性较强。

其次，点击用户组按钮进入的是该功能的介绍页面，在这个页面的右上角还有一个创建用户组的按钮，点击该按钮才能进入创建页面，被测者的关注度主要集中于文字介绍，因此一些被测者难以注意到右上角的创建用户组按钮。

创建用户组的满意度平均分为 4 分，大部分被测者对其评分为 4 分或 5 分，仅 3 名被测者给了 3 分，说明被测者对该功能是较为满意的，该功能的用户体验较好。

（5）创建数据集

如表 7-4 所示，创建数据集功能对应的测试任务 T5 完成的效率性中等偏上，57% 的被测者用时不超过平均用时；效用性中等偏上，60% 的被测者可以轻松完成任务。

首先，一些被测者不知道创建数据集的位置，导致完成任务较为困难，原因是不清楚数据空间和数据集的包含关系。

然后，部分被测者寻找创建数据集按钮较为困难，原因是创建数据集按钮隐藏在添加数据按钮之下，可见性较差。从眼动数据可以看出，被测者对兴趣区（创建数据集按钮）的首次进入用时较长，原因是创建数据集按钮隐藏在添加数据按钮之下，说明创建数据集按钮的区域显著性和目标可寻性较差。但是，被测者对兴趣区（创建数据集按钮）的注视时长较短，被测者可以快速理解信息，说明该按钮的目标可识别性较强。

最后，一些被测者误以为创建数据集模板是创建数据集，表面上看这两个功能都带有"数据集"的字样，容易使被测者误解，实则是因为被测者不清楚各项功能的用途。另外，被测者不能从最优路径找到目标按钮，说明页面中有其他竞争元素吸引被测者的注意力，创建数据集模板是一个竞争元素，左边筛选列表中也有"数据集"字样，同样吸引了被测者的注意，这两个元素对目标按钮是存在竞争的，导致被测者更容易关注竞争元素，而暂缓寻找目标按钮。

创建数据集功能的满意度平均分为 4.8 分，被测者普遍对其评分为 4 分或 5 分，说明被测者对该功能的满意度很高，认为其是必备功能，该功能的用户体验较好。

（6）设置文件访问权限

如表 7-4 所示，设置文件访问权限功能对应的测试任务 T6 完成的效率性中等偏高，67%的被测者用时不超过平均用时；效用性较高，90%的被测者都可以轻松完成任务。

首先，少数被测者完成任务较为困难是因为设置文件权限功能的权限按钮隐藏在编辑数据集按钮之下，可见性较差。从眼动数据可以看出，被测者对兴趣区（权限按钮）的首次进入用时略长，原因是权限按钮隐藏在编辑数据集按钮之下，区域显著性和目标可寻性较差。但是，被测者对兴趣区（权限按钮）的注视时长较短，被测者看到目标按钮就可以快速识别，并与任务匹配，说明权限按钮的目标可识别性较强。

然后，一些被测者认为设置文件权限功能的按钮可能会在"上传+编辑文件"按钮之下，因而看到了编辑数据集按钮却没有点击，且注意力很快被"上传+编辑文件"按钮吸引，其注视轨迹也会转向"上传+编辑文件"按钮，即该按钮是与编辑数据集按钮竞争的元素。

最后，点击"权限"按钮选择文件，进入设置文件访问权限的页面，页面中有"用户/用户组"一栏和"文件"一栏，均可以为用户和用户组授予一个或多个文件的访问权限，即这两栏的操作是相同的，容易使用户产生误解。

设置文件访问权限功能的满意度平均分为 4 分，大部分被测者对其评分

为 4 分或 5 分，只有少部分被测者对其评分为 3 分，说明被测者对该功能是
较为满意的，认为该功能是有用的，该功能的用户体验较好。

（7）上传数据文件、编辑文件标签

如表 7-4 所示，上传数据文件功能和编辑文件标签功能对应的测试任务
T7 完成的效率性中等，50% 的被测者用时不超过平均用时；效用性中等，
60% 的被测者轻松完成任务，但是有 20% 的被测者任务失败。

首先，通过眼动数据可以看出，被测者对兴趣区（"上传+编辑文件"
按钮）的首次进入用时较短，该兴趣区的关注度较高，被测者的注视轨迹
是干净利落的，说明该功能按钮的区域显著性和目标可寻性较强。被测者
对兴趣区（"上传+编辑文件"按钮）的注视时长较短，被测者可以迅速识
别该按钮的含义，并与任务相匹配，迅速做出反应。被测者视线没有被其
他元素吸引，页面没有其他竞争元素，说明该按钮的区域兴趣性和目标可
识别性较强。

其次，在编辑文件标签时，被测者选择的标签并没有在标签栏显示，
部分被测者会以为没有选上而重复操作，导致操作困难或任务失败。此外，
上传文件时可以填写对文件的描述，部分被测者会误以为编辑文件标签是
给文件添加描述。

上传数数据文件功能的满意度平均分为 4.3 分，被测者普遍对其评分为
4 分或 5 分，仅有 1 位被测者对其评分为 2 分，认为该功能是可有可无的，
总体来说，用户对该功能比较满意，该功能的用户体验较好；编辑文件标
签功能的满意度平均分为 3.5 分，大部分被测者对其评分为 3 分或 4 分，少
数被测者对其评分为 2 分，仅有 1 位被测者对其评分为 5 分，说明用户对该
功能的感觉一般，该功能的用户体验一般。

（8）在线分析数据

如表 7-4 所示，在线分析数据功能对应的测试任务 T8 的完成的效率性
和效用性都不足 50%，完成时间普遍较长，且完成的人数较少，说明该功
能的可用性较差，可用性问题较多。

在线分析数据功能操作较为复杂，其易学性、易用性以及可记忆性都

较差。首先，平台缺少文字版用户指南指导用户如何使用该功能；其次，平台提供的可分析文件的格式较少，只有少数类型的数据文件可以在线分析，大部分被测者因为找不到可以分析的数据文件而放弃完成该任务；最后，即使进入了分析页面，也没有说明提供的分析软件是哪一款，可以用作哪种分析，一些对分析软件不太了解的用户并不知道如何操作这些软件以及解读分析结果。

由于数据在线分析测试任务的操作较为复杂，且完成的人数较少，大部分被测者浏览的页面都不相同，眼动数据不具有代表性。因此，该功能不做眼动分析。

7.3.2.2 高校科研数据平台功能优化建议

① 平台应该提供一份完整的用户指南，详细介绍平台的各项功能、如何使用这些功能、各个功能之间的关系和区别，以及一些专业词汇的概念及区别，如数据空间、数据集、数据文件等。

② 应在"数据资源"页将"添加数据"按钮改为"创建数据"按钮，或者直接将"创建数据空间"按钮设置为一级按钮。应在"我的数据"页面也设置一个"创建数据空间"的功能按钮。

③ 创建数据空间时，建议设置多个开放条款供用户选择，并简明扼要地解释各条款。

④ 平台应简化设置数据空间管理权限、创建数据集留言簿、创建用户组的操作，点击相应的功能按钮后进入该功能的介绍页面，最好将其介绍与功能操作放在同一个页面。

⑤ 一个数据空间可以创建多个数据集留言簿，应在设置数据集留言簿时增加一个对应数据集或数据文件的选项，一个数据集留言簿可供一个或多个数据集或数据文件使用。

⑥ 应将"添加数据"按钮改为"创建数据"按钮，或者将"添加数据"按钮之下的"创建数据集""创建数据空间"按钮设置为一级按钮，并放置在符合人眼扫视路径的页面左上角的显眼位置。

⑦ 平台应增加具备功能分析的数据文件类型，并指导用户如何进行在

线分析操作，并指导用户选择和使用这些分析软件以及解读分析结果。

⑧ 平台应在筛选功能中增加筛选可分析数据文件的选项，以便用户直接查看可以进行分析的数据文件。

7.3.3　高校科研数据平台的功能定位

对高校科研数据平台情景的构建、情景任务的设计以及实验数据的分析等一系列研究的最终目的，是通过对高校科研数据平台用户体验的评价，实现对支撑科研全过程数据功能的预测，最终实现对高校科研数据平台的功能定位。

通过对 4 个高校科研数据平台情景的任务测试结果，基于效率性、效用性、满意度 3 个可用性指标以及首次进入用时、注视时长两个眼动指标进行分析后得出，每个功能都是有用、有效的，是可以基本满足用户科研全过程需求的，但是依然有很多新功能亟待开发，且现有功能操作烦琐，按钮位置放置不当。因此，缺少文字版用户指南对用户进行整体指导等因素会导致不好的用户体验。总体来说，可以将支撑科研全过程的数据功能推断为高校科研数据平台的功能。最终，结合 4 个情景的数据分析与逻辑推断，初步确定了高校科研数据平台的 4 类功能：用于选题立项阶段的功能、用于科研准备阶段的功能、用于科研实施阶段的功能、用于成果管理阶段的功能。其中，用于选题立项阶段的功能包含了制订数据管理计划功能；用于科研准备阶段的功能包含了数据搜集功能（如基本检索、高级检索）、数据获取功能（如数据下载、引用）以及数据处理功能；用于科研实施阶段的功能包含了数据创建功能、数据保存功能以及数据分析功能（如可视化分析）；用于成果管理阶段的功能包含了数据销毁功能（如删除数据）、数据共享/出版功能（如发布数据）、数据分享功能、数据连接功能以及数据再利用功能。

7.4　高校科研数据平台用户体验优化

本研究结合高校科研数据平台的用户体验及功能定位，对高校科研数据平台的发展与完善提出如下建议：

（1）高校科研数据平台感官体验优化

界面设计应当简洁大方；框架布局应当紧凑，避免过于松散；功能模块设置应当科学便捷，让用户简便快速地找到所需功能；导航图标应放在显眼的位置，符合人眼活动的路径，并且含义清晰；重要功能按钮应设置为一级按钮。

（2）高校科研数据平台交互体验优化

首先，平台应当设置一份详细的文字版用户指南，最好同时配有视频版；然后，平台的咨询反馈渠道应当多种多样，如站内信、邮件、微信、QQ 等，且必须是有效的，平台的管理人员一定要及时回复用户；最后，平台应为用户提供多种交互渠道，而不应仅限于数据集留言簿、站内信这些功能，还可为用户提供实时沟通的交流工具。

（3）高校科研数据平台功能体验优化

本研究主要是围绕高校科研数据平台功能展开的，将平台功能嵌入科研全过程，以此为出发点。首先，需要完善数据管理计划功能，合理地管理和使用科研过程中产生的数据是选题立项时十分重要的一个环节。因此，平台应增加数据管理计划功能。其次，完善数据搜索功能，根据用户体验的反馈，基本搜索框旁应设有分类选项。这样在进行简单搜索的同时，可以选择所需的数据资源类型，提高检索效率。高级搜索应提准确性，不相关的数据资源不展示，做到清晰、明了、便捷。另外，还应当增加平台可分析的数据资源的类型，数据分析是科研实施阶段的关键环节，甚至影响整个研究项目的完成，平台应尽可能多地提供可以在线分析的文件类型。

（4）高校科研数据平台内容体验优化

平台只有资源丰富、使用便捷、功能全面，才能得到用户的青睐。平台须鼓励用户共享各种各样的资源，并及时更新，尽量向平台其他用户全面开放，平台自身也要加大宣传力度，提高知名度，同时与搜索功能共同优化，提高检索内容的相关度。

（5）高校科研数据平台服务体验优化

首先，平台数据服务缺乏智能化和个性化，平台应当根据用户的学科和研究方向，向其进行智能化推送，推送用户可能感兴趣的数据，并且根据用户群体的分类，可以为不同群体定制个性化服务。其次，在用户管理服务中，不应当区别对待校内和校外用户，应当提升校外用户的服务水平，使其与校内用户享受相同的服务。但由于校外用户的素质参差不齐，平台管理员可在后台对校外用户加强审核。

（6）高校科研数据平台情感与价值体验优化

为了提升用户情感共鸣与价值认同感，平台应及时更新国内外关于数据共享和开放的新闻资讯，提升用户和潜在用户对开放数据理念的认同感。除此之外，高校还可以开设相关讲座，培训用户如何使用高校科研数据平台。同时，平台应提高数据安全性，避免泄漏用户个人隐私；提供多种开放条款，避免引发版权纠纷。

7.5 ｜ 本章小结

高校科研数据平台作为新一代的科研数据一站式管理及开放平台，致力于营造开放、共享的学术氛围。对高校科研数据平台功能定位的认识，不仅可以将其与传统的数据平台、机构库进行区分，还可以帮助用户真正意识到科研数据平台不同于以往机构库的"保存"本质，真正地实现数据一站式管理、数据开放、数据共享以及数据再利用。同时，情景分析法结合可用性测试和眼动实验的实证研究方法，可以通过预测与分析科研全过程下高校科研数据平台的情景，并从用户信息行为的角度揭示平台的用户体验，实现对高校科研数据平台的功能定位研究。

第 8 章

高校科研数据开放治理要素访谈调研

　　高校科研数据开放治理的期望是管控风险，降低科研成本，提高科研数据的利用率，而目前高校科研数据的现状与期望之间存在差异，主要体现在科研数据管理水平低下、交流壁垒重叠、数据质量参差不齐等方面。高校领导层或科研人员自身试图在操作层面解决这些问题，如产生更多的科研数据、建立数据系统修复、局部推进数据共享等，然而这些措施只会使问题更糟。因此，解决这些问题的关键不在于数据量、系统或单方面的技术，而在于构建科研数据治理模型。本章在深入剖析并认真遵循开放科学"自由、开放、合作与共享"理念的基础上，通过对国内外行政人员、科研人员、图书馆员等利益相关者进行半结构化访谈，并运用质性数据分析软件 NVivo 11 对访谈分析结果进行质性分析，提炼出科研数据治理的要素，从而为高校科研数据治理模型的构建提供扎实的基础。模型的构建不仅会使科研数据治理变得有章可循，也可降低治理风险，即治理会朝着更全面、更完整的方向发展。

8.1 　高校科研数据开放治理理念

　　开放科学是使科学研究及其衍生物可供社会各阶层使用的运动。开放包括法律开放性和技术开放性。换言之，开放科学应是在法律上被认可、在技术上可实现的。《科学公共图书馆》（ *Public Library of Science* ，PLoS）总编 C. Surridge 认为，科学研究应以沟通与交流思想为前提，指正错误为辅助，共享资源为目的。促进科学发展，不能囿于做实验，更应对实验过程进行探讨，对结果进行质疑。因此，开放科学可以理解为：在法律许可的范围内，科研人员科研精神自由，协同合作，最终使以数据形式呈现的科研成果得以被公众获取。换言之，开放科学是一项自由、开放、合作与共享的运动，只有其内在不断突破界限，与外部融合，吸取新鲜技术与知识，方能给大众营造一个自由、开放、合作与共享的氛围。纵观学界，开放科学的浪潮应运而生[131]。开放科学体现了科学的本质，给科研人员、社会公众带来了便利，这是一场顺应时代发展的运动。"自由、开放、合作、共享"的开放科学理念，是推进当今科学研究进步的重要动力之一[132]。这种理念诠释了开放科学的特征与各子体系的联系，并对开放科学体系的构建起到指导作用。反观高校科研数据治理，其目的是推进科研过程与成果开放，服务科研人员，节约科研成本等。因此，追本溯源，从推进科学研究进步的根源出发，在治理过程中，秉承自由、开放、合作、共享的理念，确保高校科研数据治理顺应科研本质、符合科研规律，这是保障数据治理活动顺利实施的关键所在。理念是高校进行科研数据治理的精神指导。以理论为基础，以理念为上层指导，是数据治理得以推进的重点和保障。

（1）自由

开放科学的自由理念应是对开放科学运动的细化与指导，而不是假借自由之名，实行伪开放，如学术不端、学术造假等。自由的理念应与开放科学的政策相辅相成，政策的制定需要自由的理念作指引，自由的执行须遵循政策。开放科学并不是没有任何边界的，秉承自由的理念，科研才能真正实现服务国家、服务社会的目的。自由地参与、从事、传播科学研究是学术活动的核心，不受歧视、不受限制地参与学术争鸣，也是自由的体现。而高校科研数据治理更应是自由的，即治理不应死板不知变通，应充分给予治理参与者自主权，发挥人的主观能动性，彰显出治理弹性。高校应充分给予参与者治理权力，对科研数据采取适当的管理措施。然而，自由也并非漫无边际，自由也应有所限制。高校科研数据治理的边界即国家、政府部门，特别是高校制定的相应政策，政策约束是治理自由的反向体现。

高校科研数据治理政策规定了治理目标、方式等要素，划定了治理范围，在合理范围内的科研数据治理具有自由性。

在开放科学中，学术"自由"应是有限定的。首先，科学研究遵循科研伦理和科研诚信要求，尊重国家的科研政策及职业准则与行业规范。因此，"自由"不应超过科研伦理与科研诚信的界限。其次，"自由"不应凌驾于数据生产者、数据拥有者等不同身份的利益相关人员的合法权益之上。高校科研数据治理提倡的"自由"，应以尊重科研数据隐私、科研数据共享等数据管理政策为前提。同时，与数据治理密切相关的行业，如学术出版等，应遵守行业准则。在此前提下，共享科研数据，串联科研上下游，推进科研人员合作，从而挖掘科研数据的价值。

开放科学的"自由"理念，实则是高校对科研数据治理行为的态度体现。高校给予治理参与者充分的治理权力，发挥主观能动性，赋予治理弹性。究其根源，高校作为治理活动的主导者，既检验治理结果——科研数据管理水平，也检验治理主体——科研人员的行为，即科研人员的自由与自治是否失衡。

（2）开放

开放科学中的开放理念指任何人都可以自由地访问、使用和分享开放的数据和内容。研究成果能够被完整获取，"完整"指的是成果的获取不受任何限制。开放的学术资源、成果等一方面可以促使研究人员迸发出更多的研究灵感，另一方面，高校科研数据治理是一项集体运动，治理的各个环节相互融合与渗透。治理不能闭门造车，秉承开放理念的科研数据治理，才是消除壁垒与狭隘的治理。首先，高校科研数据治理应采纳各方意见，广泛听取治理活动中各利益相关者的意见。其次，治理覆盖面应包含科研数据的所有类型，不能因哪种数据便捷或眼前利益更大，就专门治理哪种数据，否则容易造成治理偏颇、治理失效、治理失灵等问题。因此，开放既是科研数据治理的态度，也要在治理的操作层面中，涵盖更全面的科研数据类型。

（3）合作

开放的终极目标是合作与共享。因此，开放既是科学运动的前提，也是合作与共享的先决条件。合作并不是抹杀个人努力，相反每位科研人员的努力都值得尊重，应鼓励科研人员秉持自由、开放的理念，进而达成合作，实现资源共享、优势互补，达到"1+1>2"的效果。由于治理是一项集体运动，因而合作是必要的。合作可以产生倍增效益，减少不必要的付出，是降低科研成本与治理成本的不二选择。高校科研数据治理是一项庞大的系统工程，合作方涉及科研人员、校方领导、图书馆馆员等，如何维系各方的关系、保持治理平衡是高校科研数据治理所要探讨的关键问题。利益相关者理论则是通过分配治理角色，让不同职能的治理参与者，以高校科研数据治理最终目标为方向，形成合作链。简而言之，秉持合作理念，兼听各方的意见与建议，以集体利益为出发点，从而促进科研数据治理过程的合作。

（4）共享

共享理念是开放科学运动中实现科研创新必不可少的理念之一，共享理念的延伸是公众科学（citizen science）。共享科研数据是促进科学研究进步的前提。而同样为科学研究进步服务的科研数据治理，它所秉持的理念也应包含共享。开放科学的合作理念早已在各类研究中扎根，合作理念起到承上启下的作用，资源的开放可以促进共享，合作则为共享搭建了桥梁，促进研究人员相互沟通与探讨。共享意味着科研数据治理的目标是使科研数据不再闭塞、封锁，数据复用率不断提高。以治理为保障，科研人员愿意共享数据，学术界真正实现共享、共进步的新局面，此为科研数据治理共享的成果。而如何在治理过程中体现共享的理念，则需要从科研数据本身入手，把握科研数据生命周期的各个环节，从源头体现共享。此外，对不同学科而言，相同的科研数据可能会产生不一样的成果，发挥不同的科研功效。在尊重知识产权与作者隐私的合法合规的前提下，共享科研数据，更利于研究进步，学术出新。

综上所述，自由、开放、合作、共享的理念共同为开放科学运动营造了一种良性氛围，即学术研究无偏见，知识获取无阻挡，科研合作无障碍，成果分享无担忧。开放科学是一场顺应时代发展的运动，秉承自由、开放、合作、共享理念的高校科研数据治理，更贴合科研数据的自身特征，而如何恰当、合理地将自由、开放、合作、共享的理念植入高校科研数据的治理过程中，是一个亟须解决的问题。

8.2 | 高校科研数据开放治理访谈分析

本研究采用半结构化访谈法，以期通过对国内外若干利益相关者进行访谈，提炼出高校科研数据开放治理的要素，继而对要素进行归纳总结，形成具有理论基础和现实意义的模型。在选取访谈高校时，基于考量所选高校是否具有代表性，本研究选取了国内一所省属高校，既有普通高校的非重点学科，也有一流高校的重点学科，具有代表性。其次，为提升研究的前沿性，对于国外的高校，本研究选取了图书情报领域研究水平较为领先的高校——美国伊利诺伊大学厄巴纳-香槟分校（University of Illinois at Urbana-Champaign，UIUC）作为研究对象。

8.2.1 国内访谈

（1）访谈对象选择

为保证访谈的全面性，充分考虑到异质性与同质性问题，所选受访者为高校的行政人员、教师或学生，且尽可能地覆盖所有学科。本次访谈的具体人员包括校方领导（2人）、一线教师（21人）、硕博士研究生（20人）、图书馆馆员（3人）等共计46人。

（2）访谈目的与访谈提纲设计

本研究采用半结构化访谈法，主要有两个方面的考虑：一是受访者不同的学科差异；二是许多受访者对高校科研数据治理概念不是非常了解。因此，采用粗线条式的访谈提纲，以通俗易懂的语言与受访者交谈是解决受访者可能存在对专业名词概念不清等问题的途径之一。本研究选择半结构化访谈的目的是通过与一线科研人员的沟通，从科研数据生产方的角度解析高校科研数据治理的特征，从而为模型的建立提供依据；另外，通过与科研人员、科研数据管理密切相关的图书馆馆员等非科研人员的访谈，了解他们对科研数据治理的态度与看法，从科研数据治理参与者的角度，为模型的构建要素进行补充。

访谈提纲根据不同受访者的学科、职位等略有差异，主要包含以下几个方面：科研过程中遇到的难题、图书馆在科研过程中发挥的作用、科研数据共享意愿、自身数据管理状态是否满意、对校方和图书馆的科研诉求等。国内受访者的访谈提纲具体如表 8-1 所示。

表 8-1　国内受访者的访谈提纲

访谈对象	访谈提纲
校方领导	（1）校方如何看待科研数据管理？如何将其定位？ （2）校方是否愿意推行科研数据管理的相关操作？（追问原因） （3）在科研数据管理的具体操作中，校方如何保障科研人员的切身利益？ （4）校方如何看待企业与高校科研人员之间的合作？如何管理此类科研数据？
科研人员	（1）您平时做研究时，在与科研数据接触的过程中，是否有遇到一些困难？ （2）您和其他科研人员的交流多吗？你们会交流分享彼此近期的科研成果吗？（保护隐私或知识产权） （3）科研过程中，您使用图书馆各项资源的频率如何？馆员是否对您的研究提供帮助？ （4）您对目前自己的数据管理状态是否满意？
图书馆馆员	(1) 在平常工作中，有无科研人员来寻求帮助？您向科研人员提供的帮助有哪些？ （2）图书馆馆员是如何配合科研人员进行数据管理的？ （3）在提供科研数据服务的过程中，图书馆馆员有何诉求？

所有的访谈先由访问者负责介绍访谈的背景与目的，再对受访者进行半结构化访谈，访谈时间控制在 20~30 分钟之间。

（3）访谈结果分析

本研究共访谈了 46 人，语音时长近 20 小时，对访谈结果进行分析时，将音频素材整理成文字稿,将其输入 NVivo 11 中进行文本编码。NVivo 11 是一种定性分析软件,国内已有部分学者采用该软件进行大量文本资料的处理和分析,如苏文成等[133]借助 NVivo 11 对第 82 届国际图联大会的活动原始数据与会议涉及的内容进行编码分析,总结国际图书馆的发展趋势。除此之外,薛调等[134]首先对教学主管人员进行深度访谈,随后利用 NNivo 11 对访谈资料进行定性分析,得出影响图书馆嵌入式教学的相关因素。因此,鉴于已有学者采用 NNivo 11 作为分析工具,并且该软件的认可度较高,本研究选取 NVivo 11 作为分析工具,对获得的大量文本资料进行梳理和质性分析,挖掘构建高校科研数据治理模型的要素。具体分析步骤如下:

首先,将搜集的语音素材转化为文本材料,并录入质性分析软件中。其次,对文本材料进行命名形成自由节点,以此为基础,逐步形成一级节点,再经过分类汇总形成二级节点,如表 8-2 所示。

表 8-2　数据编码示例(部分)

材料描述	自由节点	一级节点	二级节点
熟练掌握数据分析软件有助于研究的开展	软件学习	数据分析	科研数据生命周期
如果数据治理需要通过平台来把控,那么技术就非常重要,以确保平台和数据的安全等	技术	支撑要素	治理背景
现在图书馆馆员的工作更注重学科化对口服务,在治理中更关注数据服务	馆员职能	图书馆	利益相关者
进行交流的科研数据一般是已经发表的或者是较成熟的	数据交流	数据开放共享	科研数据生命周期
数据搜集很困难,企业在这一方面不擅长,很难获取数据	获取数据	数据搜集	科研数据生命周期
一开始不明白进行科研数据治理的目的,若清楚其目的,则会有更多人愿意了解科研数据治理	治理目的	目的原则	治理背景
作为校方职能部门,科研数据的综合使用会让其在提建议、做决定时更有依据	校方职能部门	校方	利益相关者

续表

材料描述	自由节点	一级节点	二级节点
学术成果大多是发表在期刊上的，因此出版机构也要承担责任，如审查真伪	期刊	出版机构	利益相关者
不盲目开展科研数据治理，即使在企业中做得好，也不一定在高校行得通，要考虑实际情况	实际情况	现状	治理背景
担心在治理过程中，可能会出现正当权益被侵犯的情况，比如，若知识产权被盗用了，应怎么维护自己的权益	知识产权	保障措施	治理背景
科研数据的治理需要资金支持是不可避免的	资金支持	支撑要素	治理背景
很多横向课题是与企业合作的，因此数据也是属于企业的	企业合作	企业	利益相关者
之前没听说过数据治理，很怕治理起来没底线、没原则	治理原则	目的原则	治理背景

通过 NVivo 11 的词频查询功能，对录入的文本进行关键词词频分析，绘制词云图（见图 8-1），图中字体的大小与词频的高低正相关。通过聚类分析发现，当聚类数为 10 时，效果最佳。

由图 8-1 和表 8-2 可知，文本关键词语言云图以及关键词聚类分析其实是对所形成的节点在某种程度上的验证。通过关键词语言云图可以发现，"数据""科研""共享""图书馆""分析""研究""管理""馆员"等词出现的频率较高，这与二级节点中的利益相关者——图书馆（馆员）、科研数据生命周期——数据分析/数据开放共享等不谋而合。此外，通过观察关键词聚类分析，"清洗""限制""质量""标准化""安全""设备"等是较为热点的词汇。反观所有节点，通过文本内容的提取，形成科研数据生命周期——数据搜集（数据清洗）/数据描述（元数据管理）、治理背景——保障措施（安全）等节点链条，这与聚类分析的结果遥相呼应。因此，节点除了来自文本内容的层层凝练，还与关键词词云图、聚类分析的结果相匹配，具有合理性。同时，高校科研数据治理模型的构建，离不开基层、一线人员的建议。因此，对科研人员、图书馆馆员等的访谈结果，是模型构建的一手资料，为模型的构建奠定了坚实的基础。

图 8-1　国内访谈关键词语言云图

不难发现，利益相关者与科研数据生命周期是高校科研数据治理必不可少的组成部分。这不只是理论基础的体现，也是一线人员的切身体会。通过对访谈结果的分析，本研究把利益相关者分为科研人员及其团队、图书馆、校方、出版机构、企业、政府及基金组织。上述 6 组利益相关者的相关程度各不相同，因此，在后续论述中，6 组利益相关者各自承担的责任与义务也不尽相同。

此外，本研究将"数据治理"一词具体化，例如，将其描述为在宏观层面上，对具体的数据管理步骤进行统筹安排、决策制定等，征询受访者对于数据治理的看法。显然，本研究对国内 46 位人员进行访谈，其访谈结果是否饱和仍值得商榷。而研究本着力求全面客观、立足研究前沿、科学严谨的原则与态度，访谈者利用在美国伊利诺伊大学厄巴纳-香槟分校做访问学者的机会，对该领域的 6 位相关人员进行访谈，达到饱和度检验的要求。此外，本次国外访谈也能帮助访谈者更直观地了解国外学者对高校科研数据治理的看法与态度，有助于本研究视角全面性与客观性的拓展。

8.2.2　国外访谈

国外访谈采用半结构化访谈形式，提前列好访谈提纲，在访谈过程中，访谈者灵活应对与受访者交谈中出现的各种情况。与国内访谈不同的是，国外访谈的前期准备略微复杂。首先，要在学校相关部门进行备案，得到授权之后方能发布受访者招募邮件。其次，国外十分重视受访者的隐私，因此在访谈之前与受访者的沟通极为重要。此外，由于语言障碍，如若没有录音等设备的辅助，访谈效果将大打折扣。经过约两个月的前期准备，访谈者取得学校相关部门的批准，并征得受访者的允许使用录音设备后，于 2018 年 4 月进行了访谈。

（1）访谈对象选择

本次共访谈了 6 位外籍专家，其中，1 位是负责科研工作的助理副校长，1 位是负责研究合规性工作的助理副校长，1 位是助理教务长，1 位是提供科研数据管理服务部门的总负责人，1 位是数据管理委员会主席，1 位是图书馆馆员。虽然 6 位外籍专家从事的具体工作不同，但都与高校科研数据密切相关。值得一提的是，UIUC 的主图书馆（main library）专门设立了一个负责提供研究数据服务（research data service，RDS）的部门，以及在全校范围内成立了一个数据管理委员会（data management committee）。通过实地走访发现，虽然国外对数据的重视程度极高，采取了相应的措施对数据进行管理，包括科研数据、行政数据、教学数据等，但没有专门针对科研数据治理的举措与实践探索。

（2）访谈提纲设计

基于前期文献阅读与网络调研可知，国外对数据管理、治理的认知程度高于国内，但对于高校科研数据治理的研究仍属于新兴领域。因此，本研究在设计访谈提纲时循序渐进，并未直接切入治理的话题，而是先从治理的具体操作入手，如科研数据管理、相关服务等。国外访谈提纲如表 8-3 所示。访谈时，首先由访谈者介绍访谈背景与注意事项，如不泄漏其个人隐私、访谈录音仅用作学术用途等，每位被访谈者持续访谈的时间约为 60 分钟。

表 8-3　国外访谈提纲

序号	具体问题
1	Is there any difficulty or challenge in your process of research data management? Such as data collection, analysis, conservation.
2	Library or university can offer some research data management service, can this service meet your satisfaction? If yes, could you give me some examples? If not, do you have any suggestions about this service?
3	In your opinion, what's the difference between data management and data governance? Or could you tell me the advantages of them?
4	If there is a model of research data governance, I think there must be different people playing different roles in this model, so in your opinion, what roles do different people play in research data governance model?
5	Besides people, what do you think is also a must in research data governance model? And when we have such a model, how can we make sure that it can operate well?

（3）访谈结果分析

整理访谈录音，并将其转换为中文文档输入 NVivo 11 软件进行质性分析，获得如图 8-2 所示的关键词语言云图。

图 8-2　国外访谈关键词语言云图

由关键词语言云图可知，国外访谈的高频关键词有"数据""研究"
"管理""人员""科研""治理"等。结合聚类数为 10 时得到的关键词聚
类分析可知，国外的研究热点与国内相同。对文本材料提取自由节点、逐
层归纳，并未出现新的节点，这验证了国内访谈结果的饱和度。然而，对
比分析国内外的访谈结果，细微之处仍存在差异。厘清差异，挖掘其深层
次内容既是对国内治理研究的完善，也是对本研究所建立模型的再次检验。
访谈者在访谈国外专家前，曾预想国内外的访谈结果可能会有所差异，主
要原因在于国外的版权、知识产权意识相较于国内更为强烈。但经过科学
研究的严谨考量与以事实为依据的调研发现，国内外科研人员对于自身权
益的重视程度是没有区别的，有所区别的是国外的保障措施领先于国内。
具体而言，国外的版权法、知识产权法都较为成熟，且公众的维权与保护
意识也较为强烈。因此，国外在实行数据治理时，在知识产权等科研人员
自身权益的保障方面，须采取的措施比国内简单，这是国内外高校进行科
研数据治理时的区别之一。

区别之二在于国外更注重价值的体现与提升。价值可分为两方面：一
方面是科研数据的价值。高校科研数据治理是一项庞杂的工程，花费的精
力与物力应能最终体现在科研数据的相关方面，这也意味着高校科研数据
治理的最终成效应得到落实。另一方面是指治理参与者的价值观念。治理
参与者即治理过程中的利益相关者群体，倘若利益相关者的价值观念不统
一，在集体利益与个人利益之间摇摆不定，则治理目标就难以实现。价值
层面的一致，是连接不同利益相关者的纽带。

此外，国内较少有机构或基金组织向科研人员提出要求：在申报科研
项目前，须提交一份详细的科研数据管理计划。然而在国外，这是不可或
缺的。校方或其他基金资助机构要求提交科研数据管理计划，既能推动科
研数据管理的发展，也是科研顺利进行的保障。通过对国外访谈的深层次
挖掘可知，细节性差异是对高校科研数据治理模型构建的多元补充。

8.2.3　国内外访谈结果分析

综合分析访谈结果的若干层节点，汇总形成如图 8-3 所示的节点树状

图。高校进行科研数据治理，其核心是围绕科研数据的过程展开。访谈结果分析表明，在治理过程中，科研数据应将其生命周期特征融入治理举措，治理是宏观，管理是微观。因此，融合治理举措的科研数据生命周期活动可划分为 6 个阶段。

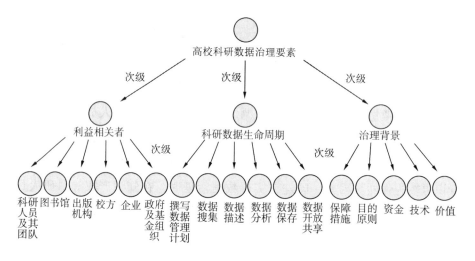

图 8-3　节点树状图

第一阶段是撰写数据管理计划。国内仅有一位受访者提到这个阶段。由此可见，高校科研人员尚未规模性地形成数据管理意识，且国内基金组织等出资方也尚未提出在申请基金时提交数据管理计划的要求，这也是目前难以推行数据管理，进而导致宏观层面的数据治理难以推行的原因之一。

第二阶段是数据搜集，包括数据获取、数据清洗和数据真伪的辨别。多数科研人员反映，数据获取是他们在科研过程中遇到的难题，可分为两种情况：第一，理工科类科研数据大多通过实验等方法获取，且由于实验不稳定性因素的干扰，导致实验结果与预期结果有较大出入，获取的实验数据并不具有任何意义；第二，人文社科的科研数据大多是指文本、图形图片等非数字化形式的数据，其搜集难点一般在于想法及数据如何获取。

第三阶段是数据描述。通过与图书馆馆员的访谈可知，数据描述的过程中，馆员的作用不容忽视。具体而言，馆员可以利用自身的专业知识帮助科研人员制订数据描述细则，如元数据管理标准等，便于后期科研数据的规范化存储。

第四阶段是数据分析。这一阶段的主要任务是软硬件的学习与设备更新，以及数据质量管理。在这一阶段，通过软硬件对科研数据进行分析，可进一步管理科研数据的质量。多数科研人员表示，自身的能力足够分析已有的数据，不需要第三方的加入。他们主要有两方面的考虑：一是考虑到数据的外泄等不安全因素；二是担心第三方无法理解自己的科研诉求，导致分析不到位、沟通有问题。

第五阶段是数据保存。目前已访谈的所有科研人员都是由自己保管科研数据，将其存储在 U 盘、硬盘等设备上，并且科研人员出于安全、隐私等考虑，都表示不愿意将科研数据集中交给某一方保存。对于数据量极大的学科而言，科研人员坦言集中存储数据量如此之大的数据是毫无意义的举措。从与图书馆馆员的访谈中可知，馆员认为图书馆应发挥使命，即存储的作用，不只是存储纸质书籍等材料，随着大数据时代的发展，也应对高校产生的科研数据进行存储。本研究认为，此类矛盾点的有效解决，既是推进高校科研数据治理的关键，也是提升高校图书馆现有服务与功能的可用捷径。

第六阶段是科研数据的开放与共享。在访谈过程中，这一阶段遇到的争议最大。多数科研人员认为，科研数据乃是科研之本，是科研人员花费了大量的精力获得的劳动成果，应极其注重隐私与安全防范。倘若开放数据，与他人共享，科研人员如何保障自己的权益，并确保没有学术剽窃等学术不端行为的出现，这是他们的主要担忧。少数科研人员乐于分享自己的科研数据的原因有两个：一是科研数据不仅是科研论文的基础，也可以用作教学等用途，帮助初学者快速入门；二是数据的开放共享，可以减少很多重复劳动，还可以用于同行评审，这与目前出版机构的做法一致。访谈过程中，一位校方领导表示，学校提倡科研数据的开放与共享，不仅在政策上予以鼓励，而且在具体实践中提供相应的保障措施。可见，不同立场的利益相关者所持的态度也不同，沟通是解决态度差异的有效途径，而先开放后共享的科研数据态势，既是形成科研数据生命周期循环的必要步骤，也是促进学术发展的关键步骤。

除了围绕科研数据过程展开深入分析外，高校在进行科研数据治理时，还应明确其治理的目的和原则，同时不应忽视治理背景，"对症下药"方为"良药"。受访者多次提到资金、技术、政策等在科研及相关活动中起到推动作用，因此在治理过程中应将诸多支撑要素纳入考虑中。

在治理背景中，虽然国内外受访者的提及面相似，但个别点的提及频率略有差异。例如，国外受访者更注重治理价值的体现，不断在访谈过程中提及价值的肯定是推进治理的前提。国内受访者则更加关注个人学术隐私及学术成果。因此，本研究认为后期在构建模型时，应对治理背景做细致划分，具体彰显治理背景的影响与价值。此外，治理参与者的作用虽然不能在上述节点树状图中显示，但是模型并非节点图的重构，需要以更具体、更全面的形式展现治理过程、治理关键，所以在模型构建过程中，治理参与者的职能应被体现。

8.3 | 本章小结

本章首先明确了高校科研数据开放治理的理念，即"自由、开放、合作、共享"，并从这4个角度展开对治理行为的描述，这也是后续开展调查的基础。然后对国内外高校相关人员进行访谈，分析访谈结果，总结受访者对科研数据治理的看法与认知，并针对如何参与科研数据治理，如何从中获益等问题，借助于质性分析软件将上述问题转化为节点树状图，汇总成为高校科研数据治理的影响要素。

若将高校科研数据开放治理模型比作一座建筑物，则上述分析得出的若干节点是筑造这座建筑物的砖瓦，是基础材料。而对细碎的访谈结果进行深度整合，深入挖掘治理关联，是筑造这座建筑物的钢筋结构，是力量支撑。因此，本研究基于访谈结果，从宏观层面将上述节点进行归纳，为治理模型的构建做铺垫。

第 *9* 章

高校科研数据开放治理要素解析

高校科研数据开放治理要素的提取与解析是构建模型的原料和基石。在对国内外访谈调查获取一手资料的基础上，本章从理论指导层、治理背景层、科研数据层、人员管理层、成效检验层 5 个层面对科研数据开放治理要素进行解析，从而为模型构建提供基础和铺垫。理论指导层作为整个模型构建的基础，用于指导模型的构建和实际运行，主要包括利益相关者理论、数据生命周期理论、协同治理理论。治理背景层是对理论指导层的进一步具体化，为模型的运行提供条件，主要包括目的与原则、角色与职责、技术与发展、教育与培训。科研数据层是模型的核心层，主要从科研数据管理计划、科研数据搜集、科研数据描述、科研数据分析、科研数据存储、科研数据开放与共享等数据生命周期环节的视角对科研数据质量提出要求，是确保模型成功构建和顺利运行的关键。人员管理层主要从利益相关者的视角合理划分各自的职责，从而产生最大效益。成效检验层是对理论指导层构建的模型的实践评价，主要包括治理审计、治理问责以及治理能力成熟度评估。总之，5 个层面组成一个整体，相互关联、协调推进、共同作用。

9.1 | 高校科研数据开放治理理论指导层解析

通过对国内外访谈结果进行解读可知，以治理参与者为落脚点的利益相关者理论与以科研数据为载体的数据生命周期理论，始终贯穿访谈全过程。在宏观层面，协同治理理论通过统筹协调数据与人之间的关系，在治理过程中发挥着重要作用。由于理论是实践操作的思想根基，有利于把控高校科研数据治理的整体方向，确保治理的正确性与准确性，因此理论指导层对高校科研数据治理模型的构建至关重要，主要有利益相关者理论、数据生命周期理论和协同治理理论。

9.1.1 利益相关者理论

高校科研数据开放治理是一场由不同群体、不同部门共同参与的数据管理活动，而不同岗位、不同立场治理参与人的调配机制、合作机制是首要问题。借助于管理学领域的利益相关者理论，合理调动高校科研数据开放治理参与者的积极性，最大限度地发挥各自人员与群体的作用，有助于实现利益最大化。具体而言，利益相关者理论即指管理者不断平衡、协调各方的利益需求，进而采取的一系列管理行为，其根本目的是提升组织的整体利益。换言之，通过利益相关者理论的指导，高校在科研数据治理的过程中，应尽可能地增强治理意识与能力，减少治理矛盾与冲突，提高治理水平与效率，以获取最终利益为统一目标。诚然，高校、科研人员、图书馆、出版机构、基金组织、企业等治理参与者的治理出发点存在差异，利益诉求也各不相同。在这样的过程中，就更需要综合考量各方的利益诉求，寻找平衡点，将参与者捆绑在一起，将单独的利益个体转化为一个坚固的利益共同体，追求共同的科研数据治理成果将指日可待。

9.1.2 数据生命周期理论

数据生命周期理论贯穿治理的全过程，指导治理行为符合科研数据的特性展开。高校科研数据具有专业性强、种类繁多、数量规模与价值开发不成正比等鲜明特征。科研数据如何生长，如何存储，治理又将发挥怎样的作用，取决于对该理论的解读。借鉴数据生命周期理论，从图书馆的参与角度出发，图书馆馆员可协助科研人员共同制订数据管理计划。图书馆馆员的加入也是治理行为的体现。在科研数据搜集、描述、保存、分析等环节，图书馆员不仅可指导科研人员如何寻找数据，帮助科研人员制定元数据标准，而且可利用图书馆服务综合体的优势，帮助科研人员寻找相关领域的专家、学习数据分析方法等。因此，数据生命周期理论不仅站在理论高度进行宏观指导，而且融入治理的每一环节，影响着治理的具体行为。

9.1.3　协同治理理论

从宏观层面看，科研数据治理不仅需要多方人员的参与，也需要多个过程同时进行。其协调和统筹规划，需要协同治理理论的指导。协同治理理论将指导治理主体依据不同的利益诉求，在治理过程中扮演不同的角色并承担相应的责任，是将治理主体与治理客体紧密联系、合理衔接的理论指导。在高校科研数据治理过程中，应不断巩固和加强各方的关联，紧密围绕科研数据展开治理，提升治理主体的能力，从而实现高校科研数据治理的整体目标。此外，协同治理理论与利益相关者理论分别从宏观与微观角度，提出了一种治理新思路，即共同承担风险与责任、共享治理成果。

因此，在高校科研数据治理过程中，数据生命周期理论是基础，是围绕治理对象的理论指导，早已融入科研数据治理的每一环节与细节之处。利益相关者理论则是从治理主体的角度出发，着重分析治理参与人之间的联系与平衡。而协同治理理论则是站在更高的角度，统筹规划，无缝衔接前两种理论。3 种理论分别从不同的角度与高度，对高校科研数据开放治理全过程进行指导。

9.2 ┃ 高校科研数据开放治理背景层解析

在前期访谈过程中，受访者多次提及高效科研数据治理的目的、发展、技术等，受访者认为治理能否成功，不仅取决于后期治理投入，还取决于前期治理准备，如规划好治理发展蓝图、提升治理能力等。科研数据开放治理是一项复杂工程，因此，治理并不是数据管理工序的简单叠加，而是有效整合。分析与把握治理背景，对后期治理工作的开展至关重要。

9.2.1　目的与原则

高校进行科研数据开放治理的目的是解决现实问题，如解决科研数据管理水平低下、数据杂乱且价值无法充分发挥等问题。科研人员、高校、图书馆馆员、出版机构、企业、政府及基金组织等原先联系疏松、目的不一致的组织机构，经过治理后，都以科研数据的价值提升为终极目的，以追求集体利益为优先事项，形成利益相关者链条，共同致力于高校科研数据的开放治理，如图9-1所示。

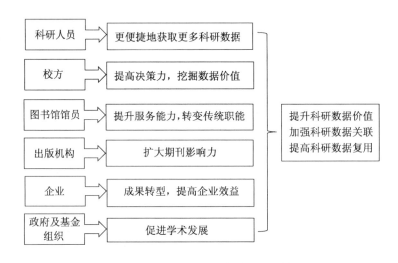

科研人员 → 更便捷地获取更多科研数据
校方 → 提高决策力，挖掘数据价值
图书馆馆员 → 提升服务能力，转变传统职能
出版机构 → 扩大期刊影响力
企业 → 成果转型，提高企业效益
政府及基金组织 → 促进学术发展

提升科研数据价值
加强科研数据关联
提高科研数据复用

图9-1 不同治理参与者的治理目的

除此之外，科研数据开放治理是条款，是制度，更是规范，需要遵循一定的章法。首先，治理应是合理合法的。尊重科研人员的知识产权与劳动成果，尊重各方隐私，不应打着治理的旗号破坏学术氛围，损害参与方的利益。其次，治理应是有限度的。随着治理理念的日渐深入，根据组织自身情况，恰当选择治理方式是极为重要的。过度治理既会打破数据的原有状态，也会造成人员物资的浪费。简而言之，治理的原则是因地制宜，而不是盲目跟风。

9.2.2 角色与职责

充分发挥人的主观能动性，是治理过程中一直大力提倡的。显然，人是治理活动的关键主体。高校科研数据开放治理的复杂性是由治理参与者的多样性决定的。从科研数据的产出者（科研人员等），到服务机构（图书馆等），再到数据传播者（出版机构等），各自承担的角色不同，应尽的责任与义务也不同。角色的划分，并不是将治理进行分解，而是细化治理，将治理责任落实到位，做到既不缺位，也不错位，更不越位。具体而言，高校科研数据开放治理的角色可大致分为科研数据的产出者、中间服务者、数据传播者 3 类。科研数据的产出者是指科学研究资金和政策的提供者，如高校或基金组织、企业等，还包括科学研究的实施者（科研人员）；中间服务者包括图书馆、高校职能部门等，其利用自身的专业素养对科研数据进行精细化治理；数据传播者是指出版机构等，能够对科研数据的传播共享作出努力。

9.2.3　技术与发展

技术对高校科研数据的开放治理起到促进作用。技术既包括计算机软硬件的使用（属于硬技术），也包括治理技术，如数据分析技术，描述技术等软技术。落后的计算机可以淘汰或升级，硬技术较为容易更新，而软技术则依靠不断积累经验。为了适应不断发展变化的数据现状，图书馆等服务部门的工作人员需要不断加强自身的专业能力，及时与科研人员沟通，把握治理重点。

然而，治理不能过度依赖于技术，避免反被技术限制。治理是一个不断发展与优化的过程，科研数据自其诞生就处于不断变化中，技术的不断更新使得科研数据更具发展潜力与价值。可见，高校科研数据开放治理是一个互相融合、不断吸纳新鲜技术的数据活动。在高校科研数据开放治理过程中，技术与发展相辅相成。技术推动着治理向前发展，发展的成果必定包含技术的不断更新，因此，只有把握好技术与发展的关系，才能高效推进治理的步伐。

9.2.4　教育与培训

当前，科研人员的数据治理意识比较淡薄，如何培养与提升科研人员的数据治理意识是图书馆的当务之急。图书馆可以深入各科研团体内部，宣传科研数据治理的必要性，定期开展治理技能培训。此外，图书馆馆员自身能力的提升也是至关重要的。摒除图书馆馆员仅仅是提供借还书服务形象的传统理念，不断提高馆员的数字化素养，加强学科服务能力，紧跟治理步伐是目前馆员培训的重点。

综上所述,治理是一个不断前进的过程,技术作为治理行为的支撑,技术的突破使治理更加便捷,人员素养的提升则给治理服务提供保障。教育与培训是培养治理参与人治理意识的一种直接方式。客观现实是,当前高校科研数据治理难以推行的原因之一就是科研人员、图书馆馆员等没有形成治理意识,高校也尚未形成治理氛围。而随着时间的推移,科研数据治理的理念不断深入人心,图书馆等部门的治理服务能力不断提升,教育与培训成为治理背景层的重要组成部分。

9.3 │ 高校科研数据开放治理科研数据层解析

高校科研数据须做到精准治理与精细治理,明晰治理对象的特征,深入解读科研数据生命周期全过程,方能取得预期的治理成效。本研究通过构建如图 9-2 所示的高校科研数据生命树模型,解析科研数据生命周期的每个阶段,把握模型中科研数据层的特点。

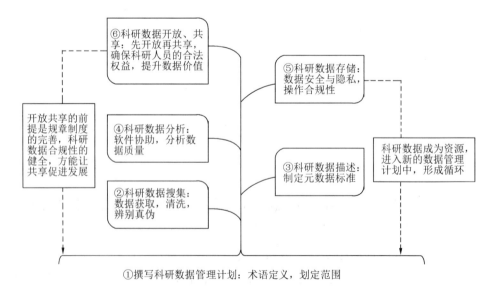

图 9-2　高校科研数据生命树模型

精准把握治理对象的特征，才能从源头杜绝治理过程中可能出现的问题，减少治理偏差。只有当治理活动立足于高校科研数据的产生、利用、存储等一系列数据活动的背景之下，方能形成具有高校科研数据特色的治理行为与模式。

9.3.1　科研数据管理计划

治理是从宏观层面对科研数据的相关活动做出决策，撰写科研数据管理计划是指在科学研究伊始，科研人员自身对即将产生的科研数据构建的管理计划，包括科研数据范围的划分，以及数据搜集、描述、分析、存储、共享等环节的具体措施。此外，国外基金组织或政府机构资助时，大多要求申请人先递交一份数据管理计划，该计划是判定是否投资该项研究的依据之一。而国内在这方面还尚未有所要求，这也是国内数据治理难以推行的现实原因之一。国内不仅是科研人员，包括政府和基金组织等出资方也大多并未形成数据治理意识。透过现象看本质，提升各方数据治理的意识是当务之急。

9.3.2　科研数据搜集

在治理背景下，科研数据搜集从全局观念出发，具有夯实基础的作用。数据的搜集极为重要，搜集是为后续的描述、分析、存储等工作作铺垫。在搜集过程中，不仅需要科研人员的付出，也需要图书馆和出版机构的辅助。具体而言，对于部分学科，科研数据并非指实验过程中产生的数据，很多是来自已有文献或报告中的数据，因此，图书馆馆员可以协助科研人员从年鉴报告中获取数据。出版机构是数据的传播与共享方，在科研数据搜集过程中应发挥其优势，便于科研人员二次利用已有数据。

9.3.3　科研数据描述

图书馆馆员在高校科研数据治理过程中应发挥其专业能力，帮助科研人员更好地管理数据。在对科研数据进行描述时，馆员可以向科研人员提供数据描述的途径与方法，科研人员结合各自的专业特性，形成学科专有的数据描述标准。数据描述在整个生命周期过程中起到承上启下的作用，为后续数据的使用提供便利条件。

9.3.4 科研数据分析

治理是一个融合的过程，科研人员既可以独自完成数据分析工作，也可以通过合作的方式，与其他科研人员共同完成。例如，美国伊利诺伊大学图书馆设有专门的数据服务部门，以帮助科研人员分析数据，或是向科研人员讲授软件的使用方法。借鉴国外的经验，国内高校图书馆可以定期举办一些数据分析相关讲座，或成立相关部门，在科研人员的研究过程中，帮助其分析数据。诚然，出于人员和资金等现实因素的考虑，国内高校图书馆难以像国外一样成立专门的数据分析部门，但仍然可以发挥图书馆在高校的作用，召集分散在不同学院的数据分析专家，形成远程工作小组，为需要帮助的科研人员答疑解惑。

9.3.5 科研数据存储

对于理工科专业而言，科研数据的一大特点是数据量极其庞大，因此，如何有条理地存储大量数据是亟待解决的问题之一。除此之外，数据存储的安全性应得到保障。数据不外泄、不丢失是存储的基本要求。在访谈过程中，科研人员更倾向于由自己或课题组存储相关数据，而不愿将数据提交给图书馆等机构进行存储。因此，针对此现状，图书馆可对科研人员提供一些存储数据的建议。强制性地要求科研人员提交数据，学校委任图书馆统一管理的做法是不妥的，一是没有理由强制性要求科研人员提交数据；二是科研人员对此产生抵触情绪。数据的统一提交可能伴随着数据隐私的泄漏、数据安全性降低等。因此，在治理过程中，科研数据的存储应灵活应对，虽然统一存储便于管理，但是基于客观现实，由科研人员自己存储数据，学校、图书馆等辅助存储，是更优化的选择之一。

9.3.6 科研数据开放与共享

作为科研数据生命周期的最后一个环节，数据先开放、后共享是为下一轮数据生命周期循环作铺垫。出版机构作为数据传播者，应肩负起监督的责任。对于盗用、伪造科研数据等行为，国家应大力打击并严惩。科研人员作为数据的生产者，应从大局出发，在保障自身权益的情况下共享数据，促进科学发展。而高校应积极营造健康的学术氛围，让科研人员的开放共享行为有所保障。

综上所述，高校、图书馆、科研人员、出版机构等治理利益相关者，在科研数据生命周期循环过程中，协同出力，围绕科研数据展开一系列治理活动。而众多的利益相关者如何分配彼此的职责，是科研数据开放治理的另一个注意事项。

9.4　高校科研数据开放治理人员管理层解析

基于利益相关者理论，高校科研数据开放治理以科研人员为数据输出方，集合图书馆、出版机构、企业、高校职能部门、政府及基金组织等，在数据治理委员会的带领下分工合作，参与治理工作的全过程。

9.4.1　利益相关者界定

在实际治理过程中，由于利益相关者太多，且较为分散，难以统一步调实施治理，因而对利益相关者进行划分，按照其参与程度的不同，承担不同的职责。与此同时，利益相关者之间的利益诉求不仅会有差异，而且可能伴随着冲突，这是不容忽视的事实。由于各方利益相关者大多是从自身利益诉求的角度对治理活动提出期望，进而付出劳动，期望与劳动付出之间存在差异，导致利益诉求无法满足。

对利益相关者进行细分，一方面可以解决利益相关者群体过于庞大，难以统一治理步调的问题；另一方面从博弈论的角度出发，不同相关程度的利益相关者，他们承担的职责应加以区别，解决个体理性与集体理性之间的冲突[135]，进一步强调高校科研数据开放治理是追求集体利益的过程。因此，本研究根据科研数据从产生到共享的过程中各方扮演的角色对科研数据产生的影响，将利益相关者划分三部分，如图 9-3 所示。

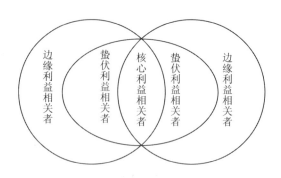

图9-3　利益相关者划分

　　科研人员及团队作为科研数据的生产者，理应是核心利益相关者，而校方作为科研数据等一系列科研成果的归属方，与科研数据关系密切，校方既是科研数据治理的决策方，也是高校进行科研数据治理的倡导者，因此，核心利益相关者应包含校方相关职能部门及校方领导。现如今科学研究涉及多个学科，图书馆既是提供文献、资料的服务方，也是连接不同学科科研人员的桥梁，同时，图书馆还是科研数据治理的技术提供者，既能帮助科研人员更好地治理数据，也能通过一些举措提供计算机软硬件技术的支撑，图书馆的作用不可忽视。

　　企业、政府及基金组织是仅次于核心利益相关者的蛰伏利益相关者，对于科研数据开放治理也是不可或缺的，但由于其与科研数据关系的紧密性并不如科研人员，因此处于第二顺位。出版机构作为科研数据的传播者，在科研数据生命周期中处于最后一步，但对于迭代循环的周期而言，上一周期的最后一步恰恰是下一周期的开始。对于出版机构而言，传播知识是其使命，数据只是体现与反映知识的一种形式，在治理过程中，出版机构是边缘利益相关者。

9.4.2　高校科研数据开放治理委员会

（1）治理委员会结构解析

　　治理委员会的使命是为治理服务，在治理过程中不断协调、广泛听取各方意见，发挥能动性，灵活应对治理过程中出现的问题。

　　数据治理委员会（见图9-4）的成立是为了专门负责对接治理相关事

宜，其成员来自每个利益相关者团队的推荐。

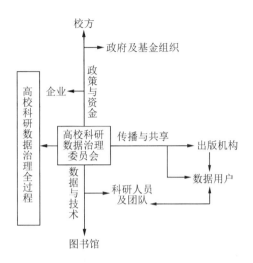

图 9-4　高校科研数据治理委员会

　　每个利益相关者团体选出的委员会代表对本团体负责。当科研数据治理出现问题时，可以直接找到委员会代表，即治理负责人，通过治理委员会的内部协商，寻找治理出现问题的原因，接着由该治理负责人与本团体磋商。治理负责人在治理委员会与利益相关者团体之间起到沟通协调的作用。同时，高校在制定治理决策时，委员会也应当发挥其作用，每一个治理负责人都代表着各自的部门或领域，应当从各自专业性的角度对决策提出建议，使决策更贴合实际。值得注意的是，治理负责人提出的意见，仍然应当以共同利益为重，以追求整体治理效果为目标，不能只考虑个体利益而不兼顾集体利益。每一个团体都需要一名领导者，数据治理委员会也不例外。治理委员会的领导应保持独立性，可由治理代表人推举产生，也可由学校职能部门委任产生。高校科研数据开放治理是一项新运动，过程中需要不断探索，因此委员会领导应秉持公正的态度调解委员会内部可能出现的问题与矛盾。数据治理委员会应定期向学校递交治理报告，汇报近期的治理进展，发现问题，改正问题，有利于学校做出正确的治理决策。

（2）基于整体性治理的内部协调

高校科研数据治理委员会是专门面向科研数据治理的组织，在治理环境中如何发挥作用，将通过内部协调与外部沟通两方面体现。

整体性治理是指防止组织内部出现碎片化治理现象，治理委员会应对内部进行有效改善，使不同的利益相关者代表之间能够协调统一，整体高效运转。具体而言，委员会内部有每个利益相关者团体的代表，即治理负责人，每个治理负责人通过不断沟通、协调治理过程中可能出现的矛盾，化解矛盾，解决问题，以达到治理内部协调。数据治理委员会从属于高校，是高校为满足各方的利益诉求，顺利推行科研数据治理而形成的组织。数据治理委员会不仅要协调不同治理团体之间的问题，还要在委员会内部自行协调。委员会内部磋商的目的在于交互协作，每个治理负责人代表不同的利益团体，其利益出发点不尽相同，因此应在稳固集体利益最大化的前提下，尽量满足个体利益。遇到治理困境时，委员会商议解决，寻求突破性的管理方式与技术，促使各方在治理活动中协调一致，达到功能整合，消除彼此之间的互斥性。数据治理委员会协调内部利益冲突与治理矛盾，不仅可以提高资源的有效利用，还能为科学研究的开展提供服务。

（3）基于网络治理的外部沟通与影响

高校进行科研数据治理，无法脱离社会环境，加强与外界的沟通是保障校内进行科研数据开放治理的另一途径。具体而言，保持治理团体与外界的良性互动，突出科研数据的治理网络，扩大科研数据开放治理的影响力，能进一步提升科研数据的价值。与整体性治理相对的是网络治理，侧重于在相互依存的环境下，加强治理"外联"。数据治理委员会作为治理的直接负责人，通过与外界的积极沟通，将治理成果与社会各界共享，扩大治理影响的辐射面，有利于后期治理所需资源能更优、更快地服务于治理。换言之，治理氛围影响着各行各业，进一步产生良性互动，为高校科研数据开放治理创造出更理想的社会环境。

综上所述，高校科研数据治理委员会是治理必不可少的部分，一方面可均衡利益分配，使集体利益达到最大化，协调组织内部；另一方面，基于高校科研数据开放治理的长久考虑，立足于社会环境，能不断加强与外界的沟通。数据治理委员会通过上述的"内修"与"外联"，为高校科研数据治理提供支持。

9.5　高校科研数据开放治理成效检验层解析

通过对前期访谈结果的分析，本研究将治理审计、治理问责及治理能力成熟度评估概括为治理成效检验。成效检验通过引入第三方独立机构审计、评定治理参与人职责、分级制定治理目标等措施，对前端的治理举措进行监督，把控治理质量。

9.5.1　治理能力成熟度评估

高校科研数据开放治理能力成熟度评估的目的是通过评估目前的科研数据治理现状，为后续的改进提供参考，使改进有理可循；评估目前的治理水平，为治理提供决策依据，促使治理手段与科研数据现状相匹配。随着数据现状的不断变化，治理也应做出改变，及时跟进。按照 IBM 数据治理能力成熟度评估模型及分类方法[136]，成熟度可分为 5 个等级，结合高校科研数据开放治理的特征，高校科研数据开放治理能力成熟度评估模型如图 9-5 所示。

图 9-5　高校科研数据开放治理能力成熟度评估模型

该评估模型自下而上，逐渐成熟和完善，而且相邻层级之间界线模糊，可以进行转化。第一级为初始级，此时科研数据开放治理整体环境不够稳定，治理流程处于初建或临时阶段。第二级为受管理级，指定了相关人员进行初步治理，但治理并没有规避所有的风险，成本也无法完全控制，仍存在一定问题。第三级为稳健级，建立了详细的科研数据治理规范，治理流程得到进一步优化，整个治理活动处于稳步上升阶段。第四级为量化管理级，能够定期对科研数据开放治理的相关人员与举措进行考核，规范和加强科研数据相关的治理工作，并且能根据对治理过程的监控与分析，结合考核结果，优化治理流程与相应的制度。第五级是优化级，在第四级的基础上，能够明确高校科研数据开放治理的改进目标，实时优化治理流程、方法、模型等，总结治理经验并分享。

9.5.2 治理审计

高校科研数据开放治理审计需引入第三方，独立地对治理过程进行综合评价与审查。引入独立第三方的目的是规避舞弊现象，保证审计的公允性[137]。审计组织针对调查过程中出现的问题，及时向高校科研数据开放治理领导层如实汇报，提出问题所在，并给出相应的建议。治理审计的内容包括科研数据安全性与合规性审计、科研数据治理风险可控审计、人员绩效考核审计、科研数据质量管理审计、科研数据价值评估审计等。治理审计是治理全过程的监督者，也是促进治理能力向更高一级成熟度迈进的推动力。

9.5.3 治理问责

治理问责是指追究治理参与者的责任，意即权责对等，是治理文明的体现[138]。高校不但要推广科研数据开放治理，还应对治理过程进行控制。这是因为科研数据开放治理要随着科研数据生命周期等要素变化动态调整，且要根据利益相关者的相关程度划分权责，而权责的划分具体到个人，谁承担多少责任，又对谁负责，这类问题变得模糊。同时，不可避免的问题是，治理参与人在争取权利的过程中可能会出现推卸责任、逃避承担责任的现象，此类现象的出现加剧了科研数据治理问责的迫切性。

9.6 ┃ 本章小结

本章通过理论梳理，将协同治理理论运用于高校科研数据开放治理活动中，同时在治理过程中，以利益相关者理论为基础，发挥人的能动性，并且成立高校科研数据开放治理委员会，全面对接负责高校科研数据的开放治理。具体而言，本章以政策制定、资金提供、数据供给与传播、技术支持等为切入点，从撰写数据管理计划开始，紧密围绕数据生命周期提供数据治理服务。以理论为指导，科研数据为基础，高校科研数据开放治理要素的解析包括理论指导、治理背景、科研数据、人员管理、成效检验 5 个部分。数据治理委员会通过内修外联的方法，将不同利益相关者融为一体，致力于提升科研数据开放治理服务。高校通过治理问责、审计、成熟度评估 3 种手段检验治理成效，对科研数据开放治理进行宏观把控与最后把关。因此，高校科研数据开放治理要素可为拟构建的模型提供原料和基石。

第 *10* 章

高校科研数据开放治理模型
构建及运行应用

　　高校科研数据开放治理模型的构建并非只靠调查获得一手资料就可完成，还须综合分析现状，对可行性开展评估。同时，模型构建也须遵循一定的原则，借鉴管理学中的 SMART 原则，在构建模型时应充分考虑模型是否目的明确、是否具有时效性等。因此，本章将综合考量可行性，以科研数据开放治理要素解析为蓝本，构建高校科研数据开放治理模型。高校科研数据开放治理模型从静态层面为治理实践提供引导，为使模型更具现实意义，运行保障与应用分析的相关研究必不可少，运行保障是动态的治理指引，应用分析则是对模型投入实践运行的前期探索。因此，分层次解析治理模型是模型构建的前端元素捕获；分析模型的运行保障机制与应用机制是模型构建的后端拓展研究。

10.1 ｜ 高校科研数据开放治理模型理论基础

　　目前数据治理的理论主要是大数据治理中的数据生命周期理论与利益相关者理论。本研究提出增加高校科研数据"协同治理理论"运用，即承袭大数据治理中的数据生命周期理论与利益相关者理论，并将这两个理论相互融合、匹配，把握数据与人这两个关键因素，强调高校科研数据主体多元并存，多个治理子系统协同运作，寻求综合理论研究汇聚方式和有效治理结构。

高校科研数据开放治理是一场在高校内部展开，但不囿于高校内部的数据活动，以此为纽带，带动高校及内部科研人员、职能部门、图书馆等共同参与，并辅以校外企业、出版机构、基金组织、政府部门的协助，共同织成一张协同治理的网络。高校科研数据开放治理对象为高校科研人员在科研过程中产生的数据或成果性数据，包括数字化形式的数据和非数字化形式的数据。面对高校科研数据开放治理主体众多、环境多变的现状，应明确"维系治理主体间的联系、平衡治理成果共享差距"的治理方向。同时，面对庞杂的治理结构，应着重划分治理子系统，研究治理模型，促进高校科研数据系统进行高效治理，循环复用，科学再生，有效服务，实现高校科研数据"善治"的治理目标。高校科研数据开放治理的意义重大，推行科研数据开放治理，不仅需要完备的前期理论阐述，还需要有实践探索的指引，而模型的演练与实操更具现实价值。

10.2　高校科研数据开放治理模型构建可行性分析

高校是科研数据的主要产生场所和使用单位，科研数据给高校带来机遇的同时也带来了挑战。科研数据的特性使得高校应该从其生命周期的第一步就开始进行相应的治理。高校科研数据开放治理模型不仅能够服务于高校，使科研数据增值，还能给各方带来不可估量的效益。正是因为科研数据本身的价值与潜在的效益，所以才推动我国高校不得不建立合适的科研数据开放治理模型，从高校层面进行把控，图书馆等部门加持服务，从而实现各方效益。

除此之外，数据治理模型的构建切忌杂乱无章，毫无理论基础的模型是站不住脚的。因此，在治理过程中以相应的理论为指导，是提高模型可行性的必要条件。例如，高校科研数据开放治理过程需要多方人员共同参与，治理并不是仅凭一己之力就可完成、达到目标的，这是协同治理理论的体现。同时，治理需要寻找利益相关者，立足于利益相关者理论，才能更加深入浅出地理解协同治理的精髓，发挥协同的作用。利益相关者理论是从相对微观的层面，具体地对数据治理过程的参与方进行罗列和诠释，进而与宏观上的协同理念相呼应，即宏观之处见思想，微观之处看能力。另外，高校科研数据开放治理是在一定的范围内进行的，因此科研数据开放治理将会受到来自资金、人员意识等的约束。诚然，治理的目的是优化与改进，但治理并不能凌驾于组织之上，倘若治理行为罔顾组织的使命和原则，那么治理的意义就不复存在。简而言之，治理应体现高校科研数据开放治理的初衷，围绕问题展开数据治理。换言之，科研数据开放治理应从组织的数据层面出发，在组织提供的资金、相关人员的意识观念或利益保障的边界条件下，高效完成科研数据开放治理举措。

对于高校科研数据开放治理模型而言，汲取已有的国内外数据治理模型的优点，首先，科研数据开放治理应彰显高校开展科研数据开放治理的初衷，即使命是什么，应明确科研数据开放治理原则，毫无章法的治理无疑是浪费人力和物力。其次，紧扣科研数据特征，治理应围绕治理对象展开，在高校科研数据开放治理过程中，通过科研数据的不同生命阶段，明确指出治理的步骤是必要的。然后，高校科研数据开放治理模型还应体现出多方人员参与及协同治理的思想，无论是宏观层面的协同治理理论，还是微观层面的利益相关者理论，都应在模型中有所体现。最后，高校是一个多元体，科研数据开放治理背景也应纳入模型构建的考虑之中，例如经济、技术、政策等因素。总而言之，高校科研数据开放治理模型的构建，一方面需要从已有模型中汲取经验，即取其精华剔其糟粕；另一方面，也需要从一线治理人员，如科研人员、校方领导、图书馆馆员等听取他们的意见与想法，切合实际，才能使得构建的模型更具应用价值。

10.3 高校科研数据开放治理模型构建原则

本研究采用管理学大师 Peter Drucker 在 *The Practice of Management* 一书中提出的 SMART 原则作为模型构建的指导原则[139]。SMART 是 specific、measurable、attainable、relevant、time-bound 五个英文单词首字母的大写缩

写。SMART 原则提醒管理人员须牢记目标，但也并非迂腐、不知变通。

① specific（明确性）：高校科研数据开放治理是一项复杂的工程，构建的模型需要让参与者一目了然，明确知晓治理的关键所在。因此，在构建模型时，如何突出治理精髓，是需要考虑的问题，即用具体模型突出治理行为，达到治理目标和治理原则上下通晓的目的。

② measurable（可衡量性）：科研数据开放治理的成效应是可衡量的，不应笼统地泛泛而谈。虽然模型不需要具体列出通过何种公式计算治理成效的等级，但成效检验却是模型不可缺少的组成部分。此外，可衡量性还体现在治理过程中的量化管理。治理委员会履行治理监督与指导的职能，对整个治理实践活动进行量化管理，有利于推行治理，确保治理战略规划的实施。

③ attainable（可实现性）：模型既是治理的基石也是纲要，集中体现科研数据开放治理的全过程。高校科研数据开放治理模型由不同的模块组成，如何发挥并落实各模块的具体作用，如何衔接不同的模块，从而使得治理的可实现性得以提升，是模型构建应着重考虑的问题。

④ relevant（相关性）：相关性具体体现在两个方面，首先，高校科研数据开放治理需要各方协同努力，如何确定治理参与方，如何在模型中体现，是构建之初应思考的事项。以科研数据为核心，以发散性的思维与视角，结合高校的实际情况，寻找治理参与方，即利益相关者群体，是相关性的集中体现。其次，治理模型由不同模块组成，如何衔接不同模块，使治理部分与整体协调，进而提高治理的可实现性，是相关性的另一体现。由此可见，若治理的相关性得以落实，则可实现性也会相应得以提升。因此，不同原则之间是相辅相成、互相影响的。

⑤ time-bound（时限性）：纵观国内外已有模型可知，数据治理是一项不断前进、发展的运动，随着数据时代的日新月异，治理的手段、形式等也会随之发生改变。因此，如何确保模型不会"过时"，搭建模型时应如何避免陷入僵化的治理格局，是时限性的体现之一。除此之外，治理工作的及时跟进与落实，考量治理参与方的治理行为是否及时等，也是时限性的

另一体现。

纵观上述 SMART 原则，明确性是模型构建的基础，可实现性则是模型运行的前提。若通过模型体现的治理操作不可实现，则模型存在的必要性值得商榷。与此相关的，相关性原则确保可实现性原则的落实，并且扩大了模型的受众，使整个利益相关者群体都涵盖在模型之中。除此之外，可衡量性与时限性都是通过保障、敦促的方式确保治理成效的，是模型的后侧支撑。5 项原则相辅相成，是模型构建之初需提前考虑的问题，从宏观的视角，融入治理的全过程，由此构建的模型才能具有可行性。

10.4 高校科研数据开放治理模型

通过对高校科研数据开放治理的深入解析，本书提出如图 10-1 所示的高校科研数据开放治理模型，并围绕模型的不同组成部分，深度剖析、解读模型。

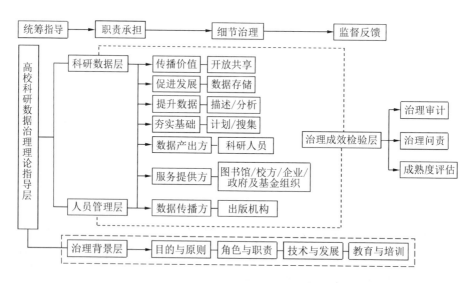

图 10-1 高校科研数据开放治理模型

治理是基于科研数据展开的实践活动，贯穿科研数据的生命周期全过程，因而高校科研数据开放治理模型的中心应是科研数据。中心应立场正确，指向明确，从根本上确保模型的整体方向不偏不倚；明确治理目的，掌握治理原则，从根本上规范治理行为，树立治理意识。首先，在治理实践开始前，分配治理角色与职责，并在后期不断优化与调整，贯穿整个治理过程。其次，将目的与原则、技术与发展、人员教育与培训等一系列操作概括为治理背景，治理背景作为模型必不可少的组成部分，对数据层具有统筹指导意义。分析治理背景的作用不仅仅是夯实科研数据开放治理的基础，更是对未来前沿的探索，应综合考量，权衡利弊，方能对治理起到统筹指导作用。

将高校科研数据开放治理比作一个环形，治理成效检验则是促使环成形的最后一步。成效检验不仅是对治理实践的反馈，在模型构建过程中也能起到保障作用。确保治理行为的付出是有保障的，经过治理，科研数据的现状得到改观；图书馆等服务部门的服务价值能够得以体现；科研人员能够切实享受治理成果。如果数据治理既是科学也是艺术，那么高校科研数据开放治理则兼具科学的严密性与艺术的独特性。高校独有的科研数据开放治理模型，摒弃了"以一应万"通用模型的弊端，形成了适合高校科研数据特征的专有模型，是严密性与独特性的体现。

10.4.1　统筹指导

理论指导层对整个治理过程起到统筹指导作用，是整个治理过程的引入者，也是实践行为正确性的奠基者。由理论指导层引入，治理背景层是治理全过程的前期阐述与说明。换言之，健全的治理背景是治理顺利推行的必要条件。治理背景层不仅从人员角度、技术角度出发，也综合考虑了经济因素等，是对整个治理流程的规划。通过理论指导层与治理背景层的推进，治理逐渐进入关键环节，即科研数据层与人员管理层。

科研数据层既是治理模型的核心、治理全过程的焦点，也是衔接各部门的桥梁。科研数据层根据数据生命周期理论，可将科研数据分为不同阶段。在每个阶段，不仅需要科研人员的参与，还需要其他部门的协助，如图书馆提供学科服务，校外企业提供资金协助等。由此可见，科研数据层与人员管理层的联系密切。在科研数据的每一个生命周期阶段，人员管理层早已渗入其中。在治理过程中，人员是为科研数据服务的，因而人员管理层的建立是基于科研数据层的。发挥人的主观能动性，突出治理参与者的作用，也是利益相关者理论在治理中的合理运用。而高校的范围大，科研数据的治理复杂，如何将不同立场的治理参与者归结至同一价值平面，需要一个专门面向治理的组织规范治理标准，实时掌握治理进度，及时发现并改正治理问题，高校科研数据开放治理委员会应运而生。

10.4.2 职责承担

从治理职责分配看，科研数据开放治理由于涉及的主体众多，各治理参与方承担的职责各不相同，需明确各自的职责所在。换言之，在资金、政策、数据、技术形成的环境下，利益相关者需各司其职，围绕科研数据开放治理，结合各自的特点，承担相应的职责（见图 10-2）。

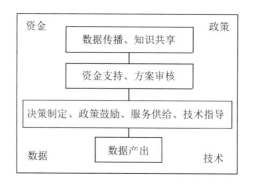

图 10-2　利益相关者职责分配

科研人员及其团队除了承担产生科研数据的职责外，还应参与治理决策的制定。科研人员作为最了解科研数据的人，在决策制定过程中起着专业把控的作用，并且在图书馆提供服务时，可以反向对图书馆提出如何更好、更贴切地提供科研服务等相关建议。高校作为科研数据开放治理的倡导者，在政策上应予以鼓励；决策制定时，应广泛听取各方的建议，统筹把控全局。图书馆作为核心利益相关者，不仅要精进原先的服务，而且应基于治理的特点，提出面向科研数据开放治理的新服务，如技术指导、馆员培训等。

　　政府及基金组织是科研人员及团队科研课题的来源渠道，一般科研课题的申报流程如下：首先，申报者填写申请书，列出研究计划与资金计划等；然后，将申请书递交给相关部门，等待审批；最后，得到政府及基金组织的许可，获得科研基金。通过上述流程可看出，政府及基金组织除了给予科研资金外，还需对科研方案进行审核。审核的目的是判断发放的资金能否达到预期效果，盲目的资金支持会滋生科研腐败等问题。除此之外，高校部分科研人员与企业达成合作协议，即企业出资、出设备，科研人员出成果。通过合作，企业与科研人员实现互利双赢的局面。通过调查发现，企业与科研人员在合作之前会签订一份合同，标明双方应尽的义务，并且强调科研人员通过企业资助得到的科研成果，如科研数据等，不得用作除学术以外的用途，如卖给第三方获取利益等。因此，与企业的合作并不妨碍科学的进步。诚然，不能一概论之，部分科学研究是保密项目，应尊重其不公开、不共享的决定，不能以学术共享的名义进行道德绑架，强迫其开放科研数据。

　　最后，作为数据传播、知识共享的推动者，出版机构在治理过程中承担重要任务。目前，多数出版机构在审稿时，采用同行评审的方法，确保稿件质量的同时，也对其中包含的科研数据的真伪把关。通过出版渠道获取的科研数据应标明出处，尊重前人的劳动成果与合法权益。作为高校科研数据开放治理的边缘利益相关者，出版机构应与其他利益相关者保持步调一致，以共同利益为出发点，在高校科研数据开放治理的过程中做出贡献。

10.4.3　细节治理

　　高校科研数据开放治理的核心是围绕科研数据展开相关数据操作，因此，治理的每一个细节都应紧扣科研数据生命周期的每一个环节。在本研究提出的科研数据开放治理模型中，科研数据生命周期包括夯实基础、提升数据、促进发展和传播价值 4 个阶段。

（1）夯实基础

夯实基础阶段包括撰写科研数据管理计划与科研数据搜集。撰写科研数据管理计划是指在规划研究之初，研究人员对即将产生的科研数据拟定的管理计划，包括数据的范围、存储等众多细节问题。撰写计划是科学研究的第一步，也是必不可少的环节。科研数据包括数字化与非数字化形式的数据，其搜集不仅包括获取，也包括获取之后的数据清洗与数据真伪的筛选。数据搜集夯实了科研基础，为研究提供了基础保障。

（2）提升数据

提升数据阶段包括科研数据描述与分析。科研数据描述不仅为自身研究提供便利，也为后续将数据分享给其他学者提供检索便利。描述阶段可基于元数据标准等文件，对科研数据进行详细描述，如数据类型、大小等。此外，科研数据分析有赖于硬件与软件设备，不同的研究目的其分析方法也不同。一方面，数据分析是对数据质量的检验，从分析结果可观测出数据质量是否达标；另一方面，数据分析也是对科研人员自身数据能力的检验。因此，在本环节的治理操作中，图书馆等服务部门可提供数据分析服务。

（3）促进发展

科研数据的有效存储能够对研究发展起到促进作用。具体而言，在基于尊重研究人员科研成果与知识产权的前提下，存储数据可节省科研成本，对于大量重复性的科研劳动可免去多次操作。在此过程中，既要特别关注数据存储的安全性，也要确保科研人员利益不受侵犯。数据存储中心类似于数据库，其价值是无穷的，在存储过程中，不仅需要科研人员的参与，也需要相关技术人员的指导，以及校方安全政策的制定与出台。

（4）传播价值

高校进行科研数据开放治理的目的是提升数据价值，以便实现科研数据的共享与多次利用等。在科研数据开放与共享的过程中，科研人员的权益保障是极为重要的，知识产权的维护、劳动成果的认可是对科研人员的尊重，也是进行科学研究的前提。

因此，高校科研数据开放治理模型在数据生命周期理论的指导下，针对科研数据的各个环节展开治理举措。然而，治理成效如何保证，如何及时解决治理问题，需采取相应措施进行末端把控。

10.4.4　监督反馈

高校科研数据开放治理实质上呈现一个趋于扁平化的结构。各利益相关者几乎处于同一平面，鲜少存在上下级的关系。而治理需要分配角色，承担相应的职责，在这一过程中，谁承担的责任多，又对谁负责是一系列逻辑与现实问题。治理问责举措则是在复杂的治理环境中，使权责对等，体现治理文明。

科研数据开放治理的水平化结构，导致治理责任不再是传统的单一纵向结构，而是纵、横向责任交叉。纵向责任是指在高校内部，科研人员、图书馆等服务部门对高校承担的责任。这种责任是双向的，因为高校也对这些服务部门负责，需要对其提供资金、设备等支持。横向责任是通过跨部门、跨组织的一种信任、对等关系实现的。例如，在高校内部，图书馆与科研单位之间就是横向责任；在高校外部，科研人员及团队与企业之间也是横向责任。根据看问题的角度不同，治理问责方式应由纵向责任与横向责任组合而成。此外，数据治理委员会应及时对治理有效性进行监督，对治理责任是否落实进行评估。

综上所述，在治理过程中对末端进行把控，对治理能力成熟度进行评估，嵌入审计与问责机制，是对治理过程中前期步骤的呼应。责任机制伴随科研数据开放治理的全过程，是治理成功的关键。治理中应不断完善责任的分配与监督问题，明确责任到个体。治理能力成熟度评估、治理审计、治理问责共同构成治理成效保障，是治理有效运行的保障。

高校科研数据开放治理是一项复杂的系统工程，其模型是针对科研数据，在校方、科研人员、图书馆、政府、企业、出版机构等治理参与者的协助下，对治理活动的一次理论探索。高校科研数据开放治理模型与其他数据治理模型的鲜明区别在于，该模型的治理对象更精确，聚焦于科研数据，即适用范围更具体；同时，高校科研数据开放治理模型不仅对前期治理行为进行了具体指引，而且对后期成效检验提出了明确要求。然而，高校科研数据开放治理实践不仅需要模型指引，还需要保障措施加以辅助。

10.5 | 运行保障

高校推行科研数据开放治理是一项新举措，面对科研数据多头管理，缺乏宏观监督与控制的现状，仅凭治理模型是无法切实推进治理的。因此，本研究从动力保障、互动保障、执行保障三方面构建运行保障，辅助模型的实施。

10.5.1 动力保障

面对尚处于萌芽阶段的治理举措，建立健全的动力机制是十分必要的。动力机制为治理参与者提供治理保障，维持治理工作热情。而动力保障如何切实发挥作用，可从治理政策的制定入手。

高校科研数据开放治理政策应明确以下几点：第一，科研数据开放治理存在一定的风险性[140]，因此，政策应能够保障科研人员等各方的权益。具体而言，人员隐私、数据安全应得到保障。政策应明确规定敏感类科研数据应特殊处理，是进行脱敏还是保密处理视具体情况而定。对于保密的科研数据开放治理，涉及的服务部门也应纳入保密范围。第二，政策是基于科研数据的本质制定的，根据数据生命周期，政策应清晰指出在每一个生命周期环节中各利益相关者的职责所在，如在科研数据的搜集环节，科研人员应本着数据来源真实，对数据负责的态度，承担数据搜集的责任；在科研数据描述环节，图书馆应根据政策要求，提供元数据标准，科研人员结合专业知识，对该元数据标准进行修正等。第三，政策还应做到利益平衡，防止权力舞弊、责任推卸等不良现象的出现。可以建立相应的奖励与评价机制，肯定科研人员的劳动成果；对图书馆等服务部门也应实施奖惩措施，鼓励相关人员积极投身治理事业。第四，政策应注重对从事科研数据开放治理工作的专业人才的培训。第五，政策应注重连贯性、一致性与协调性。科研数据开放治理是一项复杂的工程，并且随着数据时代与科学研究的发展，原先的政策无法满足日新月异的变化，对政策的不断更新与完善是不可避免的。如何确保前后政策的连贯性、一致性与协调性是值得注意的问题。

每个项目的实施都需要强有力的动力提供保障，否则难以具体落到实处。经高校协商制定的政策出台后，各部门应积极主动地推动政策的实施，鼓励科研人员参与其中。数据治理委员会应发挥组织特性，全面跟进政策的实施，谨防政策徒有空名，而无实际意义。

10.5.2　互动保障

科研数据开放治理既包含自上而下的决策行为，也包括自下而上的反馈行为，治理需要不断互动。例如，治理末端的信息需及时反馈至决策者，治理前端的决策制定同样需要广纳各方治理参与者的意见。治理全过程是一个闭合环路，治理互动则是促进这一闭合环路顺畅运行的关键之一。

高校推行科研数据开放治理的首要障碍即人们的观念意识。相关人员对科研数据开放治理的认知程度低，缺乏治理应用的思维，或者在通俗层面上理解，就是对科研数据开放治理没有信心。此时，亟须校方领导等治理推动者促使基层治理参与人员建立信心，推广治理。另外，为确保治理能够顺利实施，不仅要从精神层面加强，更要在实际应用中提前展示治理的应用前景与相应的安全措施。

具体而言，在治理过程中，校方是第一顶点，科研人员是第二顶点，图书馆及馆员、企业、政府及基金组织是第三顶点，出版机构是第四顶点，依次连接 4 个顶点构成一个四边形。四边形的每条边则代表治理互动的过程。首先，高校制定政策，提供科研数据安全等保障措施，划定治理服务项目，确保科研人员合法权益不受侵犯。其次，图书馆、企业、政府等技术、资金提供者，根据政策提供相应的服务，并将服务过程中所遇的问题及时反馈。然后，出版机构根据科研大环境，择优选取科研成果发表，这是对科研人员的一种反馈。最后，科研人员作为治理的关键人群，既要听从政策安排，接受资金、技术服务，也要通过产出的科研数据，为高校相关决策提供制定基础。不难发现，互动的过程其实是对上述模型中治理参与者之间职责的再次表述，再次明晰各自发挥的治理作用。

互动保障旨在确保治理全过程是一个信息通达、过程透明的活动。在高校科研数据开放治理实践中，信息更新迅速、思考范围更全面是必不可少的；同样的，反馈及时、广言纳谏也是必要的。此外，互动也是确保治理参与者积极性的重要保障措施。调动治理积极性、培养治理参与感、形成全员参与的治理氛围，是提出构建互动保障的根本目的。

10.5.3 执行保障

互动保障是针对利益相关者提出的运行保障措施，执行保障则是针对科研数据提出的保障措施。模型是高校科研数据开放治理的纲要，是治理理念的体现。高校科研数据开放治理思路图（见图 10-3）是以科研数据在治理过程中的走向为线索梳理而得出的。

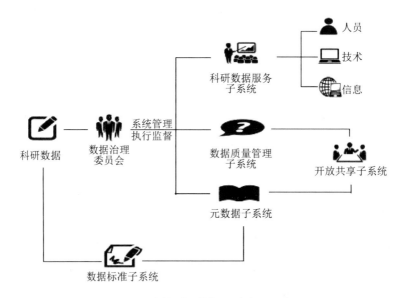

图 10-3　高校科研数据开放治理思路图

治理思路图以科研数据为着陆点，经过一系列子系统，最终达到治理的目的。详细而言，科研数据所需的配套服务统一划归为科研数据服务子系统，大致分为人员、技术和信息三类。该子系统为研究者提供人员支持，例如，图书馆学科馆员利用检索技能，为对应的学科提供专业服务。技术服务由咨询与协助两种途径构成。科研人员既可以通过咨询专业的技术人才，解决研究过程中遇到的软件难题、操作问题等，也可以由技术人员协助研究，参与科研全过程。信息服务是根据科研人员的需求，为其提供科研辅助服务，例如，提供学科知识图谱、国内外研究前沿、学者关联性等信息。这一服务有助于科研人员掌握学科领域最新的进展，把握研究动态。信息服务大多由图书馆提供，可定期发布相关服务研究报告，这也加强了图书馆与各学科的内在联系，提升了图书馆的服务水平，为未来图书馆的发展方向提供了导引。

　　科研数据产生后，需对其进行描述，元数据管理是必要措施。而数据标准子系统可以为元数据子系统提供相关元数据标准。在元数据子系统中，图书馆馆员与科研人员的配合十分重要，罗列出既具有科学性又具有专业性的元数据并非易事。除此之外，科研数据质量良莠不齐，严格把控数据质量是数据质量管理子系统的职责。该子系统依托于科研人员对数据的把关，是在整个数据治理流程中起承上启下作用的过渡环节。数据质量不过关，会对存储资源造成浪费，也无法达到共享的目的；同时，也是对前期建立的元数据标准的浪费，无法体现元数据标准的作用。与数据质量管理子系统、元数据子系统形成闭环的是开放共享子系统，该子系统既需要多方共同参与，也需要政策规定，保障科研人员的利益与数据安全等。开放共享子系统促使科研数据重复利用，是促成子系统之间闭合循环的关键。

　　纵观整个治理思路图，科研数据生命周期的各个环节并非都直接体现在图中，这是因为思路图是治理流程的简要体现，而模型则是治理过程的详细解读。科研数据的搜集、存储等环节，无不包含于科研数据服务子系统中。数据治理委员会因其本职所在，对所有的子系统执行监督。

　　治理思路图与治理模型相辅相成，前者以简明扼要的方式直观体现高校科研数据开放治理流程，后者以详尽、具体的方式全面剖析治理过程。此外，对于"治理"这一新词汇，高校需要治理思路图，以尽可能简洁的途径告知参与者进行治理的方法及具体环节等。参与者对治理有了初步认识后，详细的模型示意图才能被更好地理解、运用。

综上所述，本研究构建的运行保障从动力保障、互动保障、执行保障3个方面着手辅助模型的实施。虽然3种保障措施的侧重点各有不同，但实则这3种保障措施的关系界限通过治理模型糅合于一体（见图10-4）。

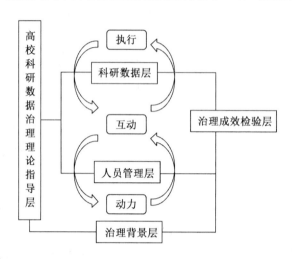

图 10-4　治理模型背景下的运行保障图

执行保障着重针对科研数据层展开，对科研数据的不同生命阶段，在治理参与者的指导下精准治理。人员和数据之间的互动，是科研数据开放治理的实质所在。互动保障则围绕科研数据，展开由人主导的治理活动。动力保障首先体现在治理背景层中，如明确治理目的、划定治理原则；其次通过治理参与者执行决策，对科研数据展开相应措施。在此期间，科研数据层出现的问题可由人员管理层反馈至决策者，决策者也可通过成效检验的方式，直接对数据、人员进行考核。

执行保障、互动保障、动力保障相互协同，相互融合，既是架起模型中不同治理层级间的沟通桥梁，又是治理全过程宏观层面的运行体现，也是协同治理理论的又一体现。

10.6 | 应用分析

10.6.1　治理规划阶段的应用

在进行科研数据开放治理的规划阶段，高校应首先构建出逻辑清晰、过程明确的科研数据开放治理框架，接着明确将科研数据的质量、安全、科研人员权益作为治理的切入点与突破点，并且对于科研数据开放治理在高校进行相关决策中所起到的作用进行全面考量，从而最大限度地提升科研数据的价值，治理的最大价值也得以实现。

治理模型在治理规划阶段的应用具体体现在以下方面：首先，模型强调治理的目的与原则，规划的前提是在遵循治理原则的基础上，努力达成治理目标，则模型可成为治理规划阶段的导向标。其次，要制订详细、周密的治理规划方案，做到有条不紊、治理顺序井然，则模型应用的重要性得以凸显。科研数据开放治理模型的不同模块或不同步骤之间或具有指向性或具有包含性，规划的制订只需按照模型的逻辑思路，确切把握治理精髓。高校科研数据开放治理是分模块同时进行的，因此，在治理规划阶段，可通过成立治理委员会的方式，委派若干名治理负责人，同时对科研数据、人员、成效检验等环节开展工作。除此之外，模型的总体呈现可用"融合"和"协同"概括，故而在治理规划之初，应明确的几点是：建立跨部门、跨领域的科研数据开放治理组织，即科研数据开放治理委员会；营造"价值实现、目标内容一致"的治理氛围；为后期科研数据开放治理实施阶段进行合理规划。

10.6.2　治理实施阶段的应用

高校科研数据开放治理模型的建立是治理规划阶段的导向标，在治理实施阶段则是有效指导治理的模板。治理模型包括理论指导、治理背景、科研数据、人员管理、成效检验 5 个部分，为不同部门的相关工作人员参与治理提供了指导。诚然，高校推行科研数据开放治理是一项新的举措，参与者对治理感到无从下手是在情理之中，不同部门的治理参与者可通过模型找准自身角色所在，从而发挥自身价值。治理人员可通过模型概览整套治理流程，对治理实施做到心中有数。

不可忽视的是，治理是一项多方参与的活动，各自的治理目的是截然不同的。因此，求同存异格外重要。正如前面所述，在治理过程中，集体利益与个体利益的冲突应降至最小，则个人治理目标与集体治理目标也应处于同一象限，而不能是对立的。在此过程中，治理模型的应用价值得以发挥。在遵循模型成立、治理顺畅、价值实现的前提下，集体治理目标中可存在个体差异性的治理目标。高校并不能强制要求每位治理人无条件提交科研数据，或无报酬提供科研服务等，因此，治理实施是复杂多变的，限制与治理自由并存。模型是规划治理布局的蓝图，也是治理的限定边界，给予治理自由的模板。

10.6.3 治理优化阶段的应用

治理优化阶段可看作治理成效检验与治理反思的结合，治理模型可为优化提供参考，换言之，模型推动优化决策的制定，模型运作的结果是制定优化决策的依据之一。优化如何展开，并非毫无根据，而应扎根于模型特征，寻找治理的薄弱环节，对症下药。模型的作用就在于此，清晰展示治理全过程，聚焦每一个治理环节。

治理模型中的成效检验层包括成熟度评估、治理审计及治理问责，优化步骤则可根据这三项展开。首先，根据治理能力成熟度评估模型，分级评定现有的治理能力，并根据评估模型图，以高一等级的治理能力要求为目标制定优化策略。其次，根据治理审计结果，对不足之处加以改进，如加强治理公允性，减少治理过程中存在的偏差行为等。此外，落实治理问责步骤，对模型中人员管理层及其内部各治理参与者的关系进行梳理，简化治理人员之间的关系，化繁为简，拉动治理责任横向与纵向交叉发展，打破扁平化的治理模式。因此，治理优化阶段如何应用模型，更多体现在治理末端把控中。换言之，治理模型的建立为应用阶段提供了优化方向与策略。从更深层面分析，治理模型的应用是对整个治理过程实现风险可控的保障。

综上所述，科研数据开放治理模型的实用性可从规划、实施、优化 3 个阶段进行探究，如图 10-5 所示。

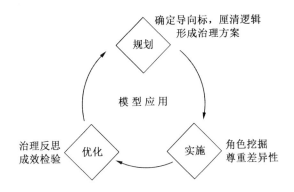

图 10-5　高校科研数据开放治理模型实用性分析

治理规划阶段，首先需借助于模型，找准治理方向，包括治理目标与原则；其次，通过模型的前后连贯性，掌握治理逻辑，在规划阶段制订逻辑清晰、顺序井然的治理方案。而在其后的治理实施阶段中，更需要按照模型的指引，步步稳扎，对不同生命阶段的科研数据采取相应的治理举措。在此阶段，更注重治理参与者的角色挖掘。在遵循总体治理目标一致的基础上，允许治理个体差异性目标的存在，充分调动治理参与者的工作积极性，推动治理发展。最后，在治理优化阶段，模型通过闭合回路，以治理成效检验为末端把控，确保治理的正向发展。同样的，在实际优化过程中，通过模型中治理能力成熟度评估、治理审计与问责 3 种方式展开探索，并通过整个治理流程的反思结果制订优化策略。

10.7　本章小结

本章根据前期的研究思路，通过访谈搜集科研数据开放治理要素材料，再通过要素解析，进一步挖掘访谈结果，深度解读科研数据开放治理的每一个环节，形成包含治理理论层、治理背景层在内的治理五层次。以上述研究为基础，以可行性分析与治理原则解析为前提，构建高校科研数据开放治理模型。诚然，不可否认的是，科研数据开放治理模型是静态的，是对治理全过程的静态解析。本章通过动力保障、互动保障、执行保障，共同筑建科研数据开放治理的运行保障措施，以配合模型的静态使用特点。首先，通过政策制定，能够规范治理操作，提高治理参与者的积极性，确保治理合规性等，构建动力保障；然后，以治理参与者形成治理反馈为切入点，制订互动保障措施；最后，以科研数据的治理流向为线索，绘制治理思路图，形成执行保障。除此之外，从治理规划、实施、优化三阶段分析如何将治理模型应用于实践之中。因此，科研数据开放治理模型运行保障与应用分析研究，为本研究提出的科研数据开放治理模型投入实践运行提供了进一步的理论佐证。

第 11 章

结论与展望

11.1 | 研究结论

高校科研数据不仅是高校科研活动过程的主要产出，更是高校科学研究的重要资源和推动力，剖析和研究高校科研数据开放与治理是推动科学研究并彰显社会价值的路径之一。本研究基于科研过程理论和数据生命周期理论，紧扣"开放科学"理念，综合采用文献调查法、网络调查法、问卷调查法、访谈法、信息行为实验法（眼动追踪、可用性测试）等多种研究方法，尝试探究科研人员存在的"不愿开放、不敢开放、不知开放什么与不会开放"科研数据的实际问题，主体研究内容分为三大模块：高校科研数据开放的影响因素与机理（第3~5章）、高校科研数据开放平台的评价体系与功能定位（第6~7章）、高校科研数据开放治理的模型构建与应用探索（第8~10章）。

具体来说，本研究取得的成果如下：

① 高校科研数据开放的影响因素识别及关系确定。本研究通过文献阅读和网络调查的方法初步分析了高校科研数据开放实施中可能存在的影响因素，采用扎根理论方法和系统论构建影响高校科研数据开放的因素关系图，以及个人因素与其他因素之间的关系图，同时通过访谈调研影响高校科研人员开放其科研数据的因素；通过深入分析和探索，最终确定影响高校科研数据开放的因素包括个人因素、资源因素、组织因素、制度因素和

技术因素，并且个人因素是影响高校科研数据开放的主要因素，其他因素扮演着辅助性角色，个人因素的重要性不言而喻。

②高校科研数据开放的影响因素模型实证研究。本研究根据文献调研与理论的梳理，构建了由9个变量和15个假设构成的高校科研数据开放意愿模型，同时对高校科研人员进行问卷调查，并运用SPSS 18.0软件和结构方程模型方法进行验证。实证检验发现，高校科研人员的科研数据开放态度、主观规范、职业义务及感知需求对科研数据开放意愿有显著的正向影响，职业义务、感知需求对科研数据开放态度有显著的正向影响，感知风险对科研数据开放的意愿有显著的负向影响，感知风险、感知努力对科研数据开放态度有显著的负向影响，研究假设成立；而感知利益、数据素养对科研数据开放态度和意愿的影响均不显著，感知努力对科研数据开放意愿以及主观规范对科研数据开放态度的影响亦不显著，因此研究假设不成立。

③高校科研数据开放的机理模型构建。本研究结合高校科研数据开放的意愿模型分析，以及高校科研数据开放的内涵和特征，首先分析了高校科研数据开放的构成要素，主要分为高校科研数据开放主体和高校科研数据开放非主体两大要素。其次，通过分析高校科研数据开放主体与高校科研数据开放非主体要素之间的内在关系，分别探讨了以高校科研数据开放主体为中心的要素间作用关系和以高校科研数据开放非主体中平台为中心的非主体要素间作用关系，并在此基础上剖析了高校科研数据开放的动因，以科研数据生命周期和卓越阶段论为基础探讨了科研数据开放过程，最终构建了高校科研数据开放机理模型，主要包括开放的主体要素、开放的非主体要素、各要素之间的关系、开放的动因以及开放实施的过程等。

④高校科研数据开放平台评价指标体系的构建。本研究通过文献调研和网络调查法对6个国际开放政府数据评价体系进行了分析和比较，参考数据生命周期理论，构建了科研数据开放平台评价指标体系，包含平台建设基础、平台数据、平台功能、平台效果与影响等4个一级指标，25个二级指标，以及若干三级指标。平台建设基础是平台运行和应用的基本前提，

数据是平台建设和运行的核心保障，平台管理功能能够反映用户使用平台的效果与效率。本书采用案例研究的方法对国内外具有代表性的 4 个数据开放平台（Harvard Dataverse、Illinois Data Bank、北京大学开放研究数据平台、复旦大学社会科学数据平台）进行深度剖析，从而揭示了国内外科研数据开放平台的特点。

⑤ 高校科研数据平台功能定位与优化研究。本研究引入用户体验理论与情景分析法，为高校科研数据平台的功能定位提供了针对用户体验展开预测与分析的新思路与新方法，有利于平台站在用户的角度评价科研数据平台。可用性测试与眼动实验适用于从用户体验角度挖掘用户科研需求，揭示用户信息行为背后的内生动机，从用户视角对平台用户体验及功能给予评价。本研究围绕科研人员需求进行高校科研数据平台的情景构建及任务设置，结合可用性测试与眼动实验对情景任务进行实践操作，通过实验数据分析功能对用户需求满足程度以及用户体验满意程度进行了分析，最终确定了高校科研数据平台的四大功能定位：满足选题立项阶段需求的功能；满足科研准备阶段需求的功能；满足科研实施阶段需求的功能和满足成果管理阶段需求的功能。

⑥ 高校科研数据开放治理的利益相关者及其职责定位。按照相关程度的不同，利益相关者分为核心利益相关者，即科研人员及团队、校方、图书馆；蛰伏利益相关者，即企业、政府及基金组织；边缘利益相关者，即出版机构。三方各司其职，协同合作。核心利益相关者参与科研数据生命周期的全过程，其中决策制定层既要把控治理的正确方向，也要精细化治理细节。从科研数据生命周期来看，蛰伏利益相关者与边缘利益相关者各自参与了部分环节，在治理过程中同样起着不可忽略的作用。资金支持、数据的传播共享等与核心利益相关者职责共同构成治理利益相关者职责的闭合环路，保障科研数据开放治理活动的顺利进行。

⑦ 高校科研数据开放治理模型的构建。秉承"自由、开放、合作、共享"的治理理念，高校科研数据治理开放模型从 5 个层面，即理论指导层、治理背景层、科研数据层、人员管理层、成效检验进行构建。该模型在利

益相关者理论和协同治理理论的共同指导下平衡主体之间的治理冲突，聚焦治理重点。模型指引高校科研数据开放治理人员全过程跟踪科研数据，深入挖掘数据价值，节约科研成本。与此同时，模型的成立也是对高校科研数据开放治理行为的监督：对治理进行公允审计，如有问题，及时问责，分级评估整个治理过程的成熟度，精准制订下一阶段的治理方案，从治理活动后期进行把控，形成治理成效保障。

⑧ 高校科研数据治理开放模型的保障措施。健全的动力保障是推行科研数据开放治理模型运转的先决条件，其中政策应当保障科研数据安全与科研人员隐私，鼓励发挥治理人员的能动性，界定治理行为的边界。互动是确保治理反馈得以顺利实现的保障，根据治理实际效能，更新决策内容，做到及时治理，精准治理；同时能确保治理决策能得以最终落实，以及治理参与人的合理诉求能被满足。动力保障、执行保障、互动保障共同为治理行动保驾护航。

⑨ 高校科研数据开放治理模型的应用探索。本研究通过规划、实施及优化三阶段的模型应用分析，再次从微观层面剖析模型。首先，模型肩负治理导向的职责，且具有逻辑性，为治理规划阶段提供辅助，协助治理制定目标，规划治理路径与方式等；然后，通过挖掘治理人员的角色与职责，在实施过程中最大限度地让所有参与人员履行各自的义务，并且在治理总目标不变的情况下，允许治理个体目标差异性的存在，激发治理的积极性；最后，根据治理成效检验结果，制定治理优化措施，及时反思治理行为。本研究从规划、实施及优化 3 个阶段，探索了科研数据开放治理模型的实用性。

11.2 | 研究的不足与展望

当然，受学术能力和研究条件等方面的限制，本研究仍存在一定的不足。

一是在高校科研数据开放影响因素与机理研究部分，通过扎根理论和访谈方法，确定高校科研数据开放的影响因素，包括个人因素、资源因素、组织因素、制度因素和技术因素，其中个人因素在开放实施的过程中发挥主导性作用。本研究在高校科研数据开放的意愿模型构建及问卷调查中，仅以个人因素为核心贯穿其中，未充分对制度因素、资源因素、技术因素和组织因素及其与个人因素之间的关联关系进行深度拓展，在一定程度上造成针对高校科研数据开放机理和开发策略提出的支撑不够。因此，在未来的研究工作中，围绕个人因素、制度因素、资源因素、技术因素和组织因素 5 种因素构建开放意愿模型，设置内容更加全面的调查问卷，向更大范围的利益相关者发放问卷，使构建的高校科研数据开放机理更真实、更全面、更细致地指导高校科研数据的开放过程和治理活动。

二是在高校科研数据开放平台评价体系和功能定位部分，主要通过文献调研、网络调查、案例分析、用户体验、情景分析、信息行为实验室等方法，构建科研数据开放平台评价指标体系及功能定位。构建包含一级指标、二级指标、三级指标的评价体系通过国内外 4 个具有代表性的高校科研数据开放平台进行案例分析，相对来说，平台的数量较少，不够全面。另外，本研究主要从定性的角度进行指标的案例分析，缺乏从定量的角度确定指标的权重，并且需要专家的验证。围绕科研人员不同科研过程的需求构建情景及任务设置，结合可用性测试与眼动追踪等信息行为实验对情景任务进行模拟操作，根据用户体验满意程度最终确定高校科研数据平台的四大功能定位，然而四大功能定位尚停留在理论层面，还需要科研人员在实际科研过程中进行补充、完善和验证。

三是在高校科研数据开放治理模型构建和应用探讨部分，基于"自由、开放、合作、共享"的治理理念，以国内外两所高校的在校科研人员、校方职能部门、图书馆馆员等利益相关者为访谈对象，归纳总结高校科研数据开放治理模型的构成要素。访谈高校的数量及利益相关者的分布不均匀等，在一定程度上未能完全反映高校相关人员对科研数据开放治理的态度、认知和看法，对高校科研数据开放治理模型构成要素的划分、利益相关者的职能划分不是非常详细，特别是缺乏该模型在典型高校的实际应用，从而未对理论构建的模型进行反馈和修正。因此，在未来的研究工作中，增加访谈高校的数量和校内外利益相关者的访谈数量，扩大访谈者的分布范围，使构建的高校科研数据开放治理理论模型更加具有科学性和普适性，并且适合目前不同层次高校科研数据开放、管理和治理的实际现状，对高校科研数据开放与治理活动产生效果、发挥效益。

参考文献

［1］江明. 我国将实施科学数据共享工程［J］. 海洋信息，2003（1）：32.

［2］国务院办公厅关于印发科学数据管理办法的通知（国办发〔2018〕17 号）［EB/OL］.（2018－03－17）［2020－03－03］. https：//most.gov.cn/xxgk/xinxifenlei/fdzdgknr/fgzc/gfxwj/gfxwj2018/201804/t20180404_139023.html.

［3］U.S. Agency for International Development. Public access plan：Increasing access to the results of federally funded scientific research［EB/OL］.（2016－11－25）［2020－03－05］. https：//www.usaid.gov/open/public-access-plan.

［4］National Health and Medical Research Council. Australian code for the responsible conduct of research 2007［EB/OL］.（2018－06－14）［2020－11－04］. https：//www.nhmrc.gov.au/about us/publications/australian code responsible conduct research 2007.

［5］HM Government. Seizing the data opportunity：a strategy for UK data［EB/OL］.［2020－03－06］. https：//assets.publishing.service.gov.uk/government/uploads/system/uploads/attachment _ data/file/254136/bis-13-1250-strategy-for-uk-data-capability-v4.pdf.

［6］NIH. Data management and sharing policy［EB/OL］.［2022－11－04］. https：//sharing.nih.gov/data－management－and－sharing－policy.

［7］NSF. Dissemination and sharing of research results：NSF data management plan requirements［EB/OL］.［2020－03－06］. https：//www.nsf.gov/bfa/dias/policy/dmp.jsp.

［8］朱玲，李国俊，吴越. 国外科学数据开放共享政策中的主体分工合作框架及启示［J］. 图书情报知识，2020(1)：94-104.

［9］《数据分析与知识发现》编辑部. 支撑数据提交要求［EB/OL］.［2020-03-17］. http://manu44. magtech. com. cn/Jwk_infotech_wk3/fileup/2096-3467/NEWS/20161213090914.pdf.

［10］中华人民共和国科学技术部，发展改革委，教育部，等. 2004—2010 年国家科技基础条件平台建设纲要［EB/OL］.（2004-06-02）［2022-11-04］. http://www.gov.cn/gongbao/content/2004/content_62878.htm.

［11］刘灿，王玲，任胜利. 数据期刊的发展现状及趋势分析［J］. 编辑学报，2018，30(4)：344-349.

［12］司莉，邢文明. 国外科学数据管理与共享政策调查及对我国的启示［J］. 情报资料工作，2013(1)：61-66.

［13］李丹丹，吴振新. 研究数据管理服务综析［J］. 图书馆学研究，2012(9)：54-59，69.

［14］科学数据共享调研组. 科学数据共享工程的总体框架［J］. 中国基础科学，2003，5(1)：63-68.

［15］陈传夫. 中国科学数据公共获取机制：特点、障碍与优化的建议［J］. 中国软科学，2004(2)：8-13.

［16］濮静蓉，刘桂锋，钱锦琳. 国内外开放数据的研究进展与述评［J］. 图书与情报，2017(6)：124-132.

［17］ROUDER J N. The what, why, and how of born-open data［J］. Behavior Research Methods, 2016, 48(3)：1062-1069.

［18］马海群，蒲攀. 开放数据的内涵认知及其理论基础探析［J］. 图书馆理论与实践，2016(11)：48-54.

［19］赵龙文，朱丹，陈明艳. 开放数据的相关性四维模型构建研究［J］. 情报科学，2016，34(9)：18-22.

［20］SIEBER R E, JOHNSON P A. Civic open data at a crossroads：dominant models and current challenges［J］. Government Information Quarterly, 2015,

32(3)：308-315.

［21］刘春丽，徐跃权. 开放科学和开放数据环境中专业图书馆的新角色[J]. 图书馆建设，2014(2)：83-88.

［22］MACDONALD S, URIBE L M. Libraries in the converging worlds of open data, e-research, and web 2. 0[J]. Online, 2008, 32 (2)：36-40.

［23］KIM Y, ZHANG P. Understanding data sharing behaviors of STEM researchers：the roles of attitudes, norms, and data repositories[J]. Library & Information Science Research, 2015, 37(3)：189-200.

［24］JANSSEN M, CHARALABIDIS Y, ZUIDERWIJK A. Benefits, adoption barriers and myths of open data and open government[J]. Information Systems Management, 2012, 29(4)：258-268.

［25］WILLIAMSON K, KENNAM M A, JOHANSON G, et al. Data sharing for the advancement of science：overcoming barriers for citizen scientists[J]. Journal of the Association for Information Science and Technology, 2016, 67(10)：2392-2403.

［26］张晓娟，王文强，唐长乐. 中美政府数据开放和个人隐私保护的政策法规研究[J]. 情报理论与实践，2016, 39(1)：38-43.

［27］张峥嵘，刘亚丽. 大数据时代的图书馆开放数据服务探析[J]. 图书与情报，2014(2)：120-122.

［28］VAN SCHALKWYK F, WILLMERS M, MCNAUGHTON M. Viscous open data：the roles of intermediaries in an open data ecosystem[J]. Information Technology for Development, 2016, 22(sup1)：68-83.

［29］马晓婷，尚庆生. 大数据时代图书馆开放数据服务平台与开放数据服务模式研究[J]. 图书馆理论与实践，2015(5)：72-75, 102.

［30］张静蓓，任树怀. 科研数据出版模式、流程及引用策略研究[J]. 图书情报工作，2015, 59(9)：21-27.

［31］左建安，陈雅. 基于大数据环境的科学数据共享模式研究[J]. 情报杂志，2013, 32(12)：151-154.

［32］JANSSEN M, ZUIDERWIJK A. Infomediary business models for connecting open data providers and users［J］. Social Science Computer Review, 2014, 32(5)：694-711.

［33］武琳, 伍诗瑜. 开放数据服务价值研究：以 Smart Disclosure 为例［J］. 情报杂志, 2016, 35(1)：171-175.

［34］黄如花, 王春迎. 英美政府数据开放平台数据管理功能的调查与分析［J］. 图书情报工作, 2016, 60(19)：24-30.

［35］刘桂锋, 钱锦琳, 卢章平. 国内外数据治理研究进展：内涵、要素、模型与框架［J］. 图书情报工作, 2017, 61(21)：137-144.

［36］DAMA International. The DAMA guide to the data management body of knowledge［M］. New York：Technics Publications, LLC, 2009.

［37］WATSON H, FULLER C, ARIYACHANDRA T. Data warehouse governance：best practices at Blue Cross and Blue Shield of North Carolina［J］. Decision Support Systems, 2004, 38(3)：435-450.

［38］SONIA P. Six critical success factors for data governance［EB/OL］. (2015-10-15)［2020-03-04］. https：//kalypso. com/viewpoints/entry/six-critical-success-factors-for-data-governance.

［39］MARINOS G. We're not doing what? The top 10 corporate oversights in data governance［J］. DM Review, 2004, 14(9)：62.

［40］STOCKDALE S. Deconstructing data governance［EB/OL］. ［2015-11-20］. https：//repository.unm.edu/handle/1928/31583.

［41］WENDE K. A model for data governance：organizing accountabilities for data quality management［EB/OL］. (2007-04-28)［2020-03-04］. http：//aisel.aisnet.org/acis2007/80.

［42］OTTO B. A morphology of the organization of data governance［EB/OL］. ［2017-06-03］. http：//aisel.aisnet.org/ecis2011/272.

［43］FU X, WOJAK A, NEAGU D, et al. Data governance in predictive toxicology：a review［J］. Journal of Cheminformatics, 2011, 3(1)：24.

［44］梁芷铭. 大数据治理：国家治理能力现代化的应有之义［J］. 吉首大学学报（社会科学版），2015（2）：34-41.

［45］张明英，潘蓉.《数据治理白皮书》国际标准研究报告要点解读［J］. 信息技术与标准化，2015（6）：54-57.

［46］朱琳，赵涵菁，王永坤，等. 全局数据：大数据时代数据治理的新范式［J］. 电子政务，2016（1）：34-42.

［47］陈琳. 精简、精准与智慧政府数据治理的三个重要内涵［J］. 国家治理，2016（27）：28-39.

［48］许晓东，王锦华，卞良，等. 高等教育的数据治理研究［J］. 高等工程教育研究，2015（5）：25-30.

［49］顾立平. 数据治理：图书馆事业的发展机遇［J］. 中国图书馆学报，2016，42（5）：40-56.

［50］包冬梅，范颖捷，李鸣. 高校图书馆数据治理及其框架［J］. 图书情报工作，2015，59（18）：134-141.

［51］BROUS P，JANSSEN M，VILMINKO-HEIKKINEN R. Coordinating decision-making in data management activities：a systematic review of data governance principles［C］. International Conference on Electronic Government and the Information Systems Perspective，Porto，Portugal，Septembe 5-8，2016.

［52］DUTTA H. Graph based data governance model for real time data ingestion［J/OL］. Springer，2015（3）：119-125. ［2017-05-27］. https：//link.springer.com/article/10.1007/s40012-016-0079-y.

［53］HAIDER A. Asset lifecycle data governance framework［C］. Proceedings of the 7th World Congress on Engineering Asset Management，Deajeon，Korea，October 8-9，2012.

［54］THOMPSON N，RAVINDRAN R，NICOSIA S. Government data does not mean data governance：lessons learned from a public sector application audit［J］. Government Information Quarterly，2015，32（3）：316-322.

［55］GLASER B G，STRAUSS A L. The discovery of grounded theory：strategies for qualitative research[M]. New York: Aldine de Gruyter, 1967.

[56] 王璐, 高鹏. 扎根理论及其在管理学研究中的应用问题探讨[J]. 外国经济与管理, 2010, 32(12): 10-18.

[57] SUDDABY R. From the editors: what grounded theory is not[J]. Academy of Management Journal, 2006, 49(4): 633-642.

[58] 范哲. 数字原住民采纳社会化媒体影响因素的扎根研究[J]. 情报资料工作, 2017(1): 25-33.

[59] 徐艳. 高校图书馆移动阅读社会化服务的扎根研究[J]. 情报科学, 2017, 35(9): 49-53.

[60] 张静蓓, 吕俊生, 田野. 国外数据共享行为影响因素研究综述[J]. 图书情报工作, 2014, 58(4): 136-142.

[61] SCHOFIELD P N, BUBELA T, WEAVER T, et al. Post-publication sharing of data and tools[J]. Nature, 2009, 461: 171-173.

[62] 黄如花, 邱春艳. 国外科学数据共享研究综述[J]. 情报资料工作, 2013(4): 24-30.

[63] 陈向明. 扎根理论的思路和方法[J]. 教育研究与实验, 1999(4): 58-63, 73.

[64] 王法硕, 王翔. 我国政府数据开放利用的影响因素与实现路径: 一项基于扎根理论的质性研究[J]. 情报杂志, 2016, 35(7): 151-157.

[65] 陈爱祖, 唐雯, 林雪峰. 构建和谐社会的管理学原理体系[J]. 河北学刊, 2006(3): 173-179.

[66] 段文婷, 江光荣. 计划行为理论述评[J]. 心理科学进展, 2008(2): 315-320.

[67] 高天鹏, 陈晓威, 赵秀林, 等. 基于解释结构模型的我国政府数据开放影响因素分析[J]. 电子科技大学学报(社科版), 2016, 18(3): 47-53.

[68] WILLIAMSON K, KENNAN M A, JOHANSON G, et al. Data sharing for the advancement of science: overcoming barriers for citizen scientists[J]. Journal of the Association for Information Science and Technology, 2016, 67(10):

2392-2403.

［69］张晋朝. 我国高校科研人员科学数据共享意愿研究［J］. 情报理论与实践, 2013, 36(10): 25-30.

［70］何琳, 常颖聪. 科研人员数据共享意愿研究［J］. 图书与情报, 2014(5): 125-131.

［71］KIM Y, ADLER M. Social scientists' data sharing behaviors: Investigating the roles of individual motivations, institutional pressures, and data repositories［J］. International Journal of Information Management, 2015, 35(4): 408-418.

［72］包秦雯, 顾立平, 张潇月. 开放科研数据的行为影响因素研究: 以地球科学领域为例［J］. 情报理论与实践, 2019, 42(5): 51-57.

［73］周姗姗, 翁苏湘, 毕强, 等. 科学数据共享中的邻避现象及应对研究［J］. 图书情报工作, 2015, 59(17): 84-88.

［74］KIM Y, STANTON J M. Institutional and individual factors affecting scientists' data-sharing behaviors: a multilevel analysis［J］. Journal of the Association for Information Science and Technology, 2016, 67(4): 776-799.

［75］余玲. 科研人员科学数据共享意愿的影响因素研究［D］. 衡阳: 南华大学, 2016.

［76］吴丹, 陈晶. 我国医学从业者科学数据共享行为调查研究［J］. 图书情报工作, 2015, 59(18): 30-39.

［77］孙晓燕. 科学数据共享行为的理论模型构建及测度实证研究［J］. 情报学报, 2016, 35(10): 1062-1071.

［78］YANG T M, WU Y J. Examining the socio-technical determinants influencing government agencies' open data publication: a study in Taiwan［J］. Government Information Quarterly, 2016, 33(3): 378-392.

［79］AJZEN I. The theory of planned behavior［J］. Organizational Behavior and Human Decision Processes, 1991, 50(2): 179-211.

［80］张静波. 大数据时代的数据素养教育［J］. 科学, 2013, 65(4):

29-32.

[81] JANSSEN M, CHARALABIDIS Y, ZUIDERWIJK A. Benefits, adoption barriers and myths of open data and open government[J]. Information Systems Management, 2012, 29(4): 258-268.

[82] 顾立平. 开放科学中的学术交流研究综述[J]. 知识管理论坛, 2013 (2): 9-15.

[83] 傅天珍, 郑江平. 国外面向科研人员的科学数据共享探析[J]. 图书馆论坛, 2015, 35(2): 76-81.

[84] 孟祥保, 常娥, 叶兰. 数据素养研究: 源起、现状与展望[J]. 中国图书馆学报, 2016, 42(2): 109-126.

[85] PRYOR G. Multi-scale data sharing in the life sciences: some lessons for policy makers[J]. International Journal of Digital Curation, 2009, 4(3): 71-82.

[86] LI K. 基于 UTAUT 模型的移动旅游 APP 用户接受行为研究[D]. 厦门: 厦门大学, 2014.

[87] 黄芳铭. 结构方程模式: 理论与应用[M]. 北京: 中国税务出版社, 2005.

[88] 何涛. 结构方程模型 PLS 算法研究[D]. 天津: 天津大学, 2006.

[89] 娄峥嵘. 浅析结构方程建模的基本步骤[J]. 生产力研究, 2005 (6): 201-202.

[90] 苏文成. 社会网络视角下图书馆第二课堂隐性知识传递现象研究 [D]. 镇江: 江苏大学, 2015.

[91] 郭晓敏. 食品安全规制公众满意度研究[D]. 烟台: 山东工商学院, 2017.

[92] 蒲攀, 马海群. 大数据时代我国开放数据政策模型构建[J]. 情报科学, 2017, 35(2): 3-9.

[93] CRONBACH L J. Coefficient alpha and the internal structure of tests [J]. Psychometrika, 1951, 16(3): 297-334.

［94］师衍辉. 大学生社会化阅读行为影响因素实证研究［D］. 曲阜: 曲阜师范大学, 2016.

［95］张克永. 开放式创新社区知识共享研究［D］. 长春: 吉林大学, 2017.

［96］赵富强. 基于 PLS 路径模型的顾客满意度测评研究［D］. 天津: 天津大学, 2010.

［97］FORNELL C, LARCKER D F. Evaluating structural equation models with unobservable and measurement error: a comment［J］. Journal of Marketing Research, 1981, 18(1): 39-50.

［98］TENENHAUS M, VINZI V E, CHATELIN Y M, et al. PLS path modeling［J］. Computational Statistics & Data Analysis, 2005, 48(1): 159-205.

［99］司莉, 邢文明. 国外科学数据管理与共享政策调查及对我国的启示［J］. 情报资料工作, 2013, 34(1): 61-66.

［100］WETZELS M, ODEKERKEN-SCHRÖDER G, VAN OPPEN C. Using PLS path modeling for assessing hierarchical construct models: guidelines and empirical illustration［J］. MIS Quarterly, 2009, 33(1): 177-195.

［101］李建成. 开放科学运动初探［D］. 长沙: 湖南师范大学, 2010.

［102］陈爱祖, 唐雯, 林雪峰. 构建和谐社会的管理学原理体系［J］. 河北学刊, 2006(3): 173-179.

［103］温芳芳. 国外科学数据开放共享政策研究［J］. 图书馆学研究, 2017(9): 91-101.

［104］陈一. 增值与保护相协调的科学数据管理与共享研究［J］. 图书馆, 2015(10): 94-98.

［105］韩缨. 欧盟"地平线 2020 计划"相关知识产权规则与开放获取政策研究［J］. 知识产权, 2015(3): 92-96.

［106］夏义堃. 国际组织开放政府数据评估方法的比较与分析［J］. 图书情报工作, 2015, 59(19): 75-83.

［107］郑磊, 关文雯. 开放政府数据评估框架、指标与方法研究［J］. 图

书情报工作, 2016, 60(18): 43-55.

[108] 姜鑫, 马海群. 开放政府数据评估方法与实践研究: 基于《全球开放数据晴雨表报告》的解读[J]. 现代情报, 2016, 36(9): 22-23, 26.

[109] 王迪. 开放政府数据评估体系比较研究[J]. 情报资料工作, 2017(5): 27-33.

[110] 刘桂锋. 高校科研数据管理理论与实践[M]. 镇江: 江苏大学出版社, 2017.

[111] 张闪闪, 王铮. 海外基于开源软件的典型科研数据共享服务平台案例研究[J]. 图书情报工作, 2017, 61(6): 79-86.

[112] WITT M, CARLSON J, BRANDT D S, et al. Constructing data curation profiles[J]. International Journal of Digital Curation, 2009, 4(3): 93-103.

[113] 朱玲, 聂华, 崔海媛, 等. 北京大学开放研究数据平台建设: 探索与实践[J]. 图书情报工作, 2016, 60(4): 44-51.

[114] 张计龙, 殷沈琴, 张用, 等. 社会科学数据的共享与服务: 以复旦大学社会科学数据共享平台为例[J]. 大学图书馆学报, 2015, 33(1): 74-79.

[115] 夏姚璜. 欧美 Data Curation 的实践及启示[J]. 信息资源管理学报, 2013, 3(1): 53-58.

[116] 刘桂锋, 卢章平. 美国高校科研数据管理实践个案研究: 以伊利诺伊大学香槟分校为例[J]. 图书情报研究, 2016, 9(4): 24-34.

[117] 邢文明, 吴方枝, 司莉. 高校图书馆开展科研数据管理与共享服务调查分析[J]. 图书馆论坛, 2013, 33(6): 19-25, 61.

[118] 李翼, 吴丹. 开放医学科学数据平台调查研[J]. 图书情报工作, 2015, 59(18): 24-29, 50.

[119] 刘桂锋, 张裕, 刘琼. 科研数据开放平台评价指标体系构建及案例研究[J]. 图书情报知识, 2019(1): 21-31.

[120] 娄伟. 情景分析理论研究[J]. 未来与发展, 2013, 36(8): 30-37.

[121] 黄晓斌, 马芳. 情景分析法在竞争情报研究中的应用[J]. 情报资

料工作, 2009(6): 22-26.

[122] 龚花萍, 高洪新. 基于领域本体模型的情景分析法在中小企业竞争情报中的应用研究[J]. 情报科学, 2017, 35(10): 99-102.

[123] 周静珍, 赵乃瑄. 基于情景分析的高校低碳图书馆建设构想[J]. 图书情报研究, 2011, 4(2): 21-25.

[124] 易红. 云环境下的图书情报发展情景分析[J]. 科技资讯, 2013(25): 253-254.

[125] 岳珍, 赖茂生. 国外"情景分析"方法的进展[J]. 情报杂志, 2006(7): 59-60, 64.

[126] 邢颖, 董瑜, 袁建霞, 等. 典型农业前瞻案例中情景分析法的应用分析[J]. 图书情报工作, 2014, 58(7): 95-99.

[127] 孙建军, 柯青. 不完全信息环境下的情报分析方法: 情景分析法及其在情报研究中的应用[J]. 图书情报工作, 2007, 51(2): 63-66, 120.

[128] 曾忠禄, 张冬梅. 不确定环境下解读未来的方法: 情景分析法[J]. 情报杂志, 2005(5): 14-16.

[129] 韩玺. 国内网站可用性评价研究现状述评[J]. 图书馆学刊, 2014, 36(1): 136-141.

[130] 吴丹, 刘春香. 交互式信息检索研究中的眼动追踪分析[J]. 中国图书馆学报, 2019, 45(2): 109-128.

[131] 吴建中. 推进开放数据助力开放科学[J]. 图书馆杂志, 2018, 37(2): 4-10.

[132] 陈秀娟, 张志强. 开放科学的驱动因素、发展优势与障碍[J]. 图书情报工作, 2018, 62(6): 77-84.

[133] 苏文成, 卢章平. 从第82届国际图联大会看世界图书馆的发展趋势[J]. 大学图书馆学报, 2017, 35(2): 5-13.

[134] 薛调, 刘云, 刘彦庆. 高校图书馆嵌入式教学实施的影响因素研究[J]. 图书情报工作, 2013, 57(15): 83-87, 107.

[135] 吕阳, 陈洁. 博弈视角下图书数字资源共享的版权困境及其策略

研究[J].图书馆研究与工作,2016(6):5-10.

[136]张宇杰,安小米,张国庆.政府大数据治理的成熟度评测指标体系构建[J].情报资料工作,2018(1):28-32.

[137]程广明,刘小茵.从关键词角度解读《银行业金融机构数据治理指引》[J].科技与创新,2018(17):18-21.

[138]王正青,但金凤.大数据时代教育大数据治理架构与关键领域:以美国肯塔基州、华盛顿州与马里兰州为例[J].现代教育技术,2019,29(2):5-11.

[139]张敏,郑勇.基于SMART原则的高校图书馆战略规划探析[J].农业图书情报学刊,2016,28(6):100-103.

[140]安小米,宋懿,郭明军,等.政府大数据治理规则体系构建研究构想[J].图书情报工作,2018,62(9):14-20.